Zero Waste
für Einsteiger

Kate Arnell

Zero Waste für Einsteiger

In 6 Wochen Schritt für Schritt zu weniger Müll

INHALT

VORWORT

Im September 2013 kam mein Mann mit einer Zeitung nach Hause. Er zeigte mir einen Artikel über eine vierköpfige Familie aus Kalifornien. Sie hatte es geschafft, ihren jährlichen Müll so weit zu reduzieren, dass er in einen 1-Liter-Behälter passte. Ich fragte mich, wie so etwas überhaupt möglich war. Nachdem ich gelesen hatte, wie einfach es sein kann, ohne Müll zu leben, wollte ich unbedingt mehr über dieses Zero Waste erfahren. Ich wollte wissen, ob auch ich es in meinen Alltag integrieren könnte.

Ich war schon immer eine Anhängerin von Bio-Produkten (für die Umwelt, für den Tierschutz und für weniger Pestizide). Oft aber ärgerte ich mich über übermäßige Plastikverpackungen. Vor allem Bio-Produkte sind oft überverpackt, damit sie deutlich von nicht-biologischen Waren getrennt werden können. Jede Woche fühlte ich mich schrecklich, wenn wieder ein Müllsack mit oft nur einmal verwendeten Verpackungen aus meist nicht recycelbarem Kunststoff gefüllt war. Etwa eine Woche später entdeckte ich ein Buch, das von der Mutter der in dem Zeitungsartikel beschriebenen Familie verfasst worden war – *Glücklich leben ohne Müll* von Bea Johnson. Ich verschlang es geradezu. Endlich hatte ich das Gefühl, ich könnte ohne Müll ein Leben führen, das stärker mit meinen Werten übereinstimmte. Mir wurde klar, dass ich all diesen Müll nicht produzieren musste. Ich könnte Eigenverantwortung übernehmen, anstatt einfach nur zu akzeptieren, dass Müll zu unserem Leben gehört.

Je länger ich darüber nachdachte, desto klarer wurde mir, dass Müll nichts Natürliches ist. In der Natur wird jedes Abfallprodukt zu etwas Nützlichem für eine andere Pflanze oder Kreatur. Müll, wie wir ihn kennen, ist ein menschlicher Konstruktionsfehler, ein Versagen, für das aber niemand zur Verantwortung gezogen wird. Müll wird von Menschen erzeugt, und es bereitete mir Unbehagen, durch mein tägliches Handeln zu diesem wachsenden Berg beizutragen. Fast über Nacht und zur großen Überraschung meines Mannes entschied ich mich also für ein Leben ohne Müll.

Es gab zahlreiche Versuche und Fehlversuche, und ich recherchierte viel im Internet. Ich musste lernen, anders zu denken. In den ersten 30 Jahren meines Lebens hatte ich mir nichts dabei gedacht, Dinge zu entsorgen, und es interessierte mich nicht, wo sie landeten. Die Suche nach müllsparenden Alternativen allerdings frustrierte mich. So hoch entwickelt unser Land auch ist, so rückständig sind wir, was verpackungsfreie Lebensmittel, Nachfüll-Möglichkeiten oder plastikfreie Verpackungen angeht. Also beschloss ich, einen Blog und einen YouTube-Kanal ins Leben zu rufen, auf denen ich meine Reise in ein müllfreies Leben teilte – was hat funktioniert und was nicht (ich denke da etwa an hausgemachtes Spülmittel, das nach Flatulenzen riecht!). Ich wollte nicht nur eine Anlaufstelle für Menschen sein, die ihren Müll reduzieren wollten, sondern das Thema auch unterhaltsam und ohne erhobenen Zeigefinger präsentieren. Meine Inhalte sollten Spaß machen, egal ob man sich nun um seinen Müll kümmerte oder nicht. Zuvor hatte ich als Fernsehmoderatorin gearbeitet und war zuletzt Autorin und Moderatorin von *Anglophenia,* einer Sendung für den YouTube-Kanal von BBC America. Dort präsentierte ich die skurrilen Unterschiede zwischen den USA und Großbritannien. Einige der Videos, wie *How to Swear Like a Brit* (Wie man wie ein Brite flucht), wurden viral, und meine Anhängerschaft auf YouTube wuchs. Ich hoffte, dass Leute, denen diese Videos gefielen, zu meinem persönlichen Kanal wechseln würden, um sich anzuschauen, wie ich ohne Verpackung einkaufe.

meist nur in meinem Schlafzimmer saß und über meine Lieblingserfahrungen mit Zero Waste redete. Es war aufregend, auf so viele weitere Influencer, Blogger und YouTuber zu treffen, die über Zero Waste sprachen. Zum Glück ist es inzwischen eine globale Bewegung geworden!

Bis vor einigen Jahren wussten die meisten Menschen nur wenig über Plastikverschmutzung oder andere Probleme in Zusammenhang mit unserem Müll. Ich musste feststellen, wie frustrierend es ist, wenn man versucht, seinen bisherigen Lebensstil beizubehalten und gleichzeitig Müll zu reduzieren. Man muss akzeptieren, dass einige Änderungen erforderlich sind, damit dies auch funktioniert. Ich erinnere mich zum Beispiel lebhaft daran, wie ich einmal an der Fleischtheke eines Supermarkts etwas Hühnchen ohne Plastikverpackung direkt in meinen eigenen Behälter legen lassen wollte. Der Verkäufer murmelte etwas von Gesundheitsbestimmungen und Firmenpolitik, und ich ging mit leeren Händen. Da wurde mir klar, dass ich etwas an meinen Lebensgewohnheiten ändern musste. Wollte ich auf Plastikverpackungen verzichten, konnte ich nicht mehr im Supermarkt einkaufen. Stattdessen unterstütze ich jetzt kleinere Läden, die Produkte wie Fleisch, Käse, Bier, Wein, Öl und Trockenwaren ohne Verpackung oder als Nachfüllpackungen verkaufen, und sie alle helfen mir gerne bei meinen Bemühungen um Abfallvermeidung.

Ich bin kein Hippie (obwohl ich diese Phase als Teenager hatte!), lebe in der Londoner Innenstadt, liege gerne in der Badewanne und wasche meine Wäsche bei einer höheren Temperatur als empfohlen (dazu später mehr). Der Zero-Waste-Lebensstil ist für jeden eine andere Reise, und es bringt nichts, anderen Vorschriften zu machen. Ich wollte zeigen, dass nicht alles »hundertprozentig« sein muss. Wenn ein oder zwei Leute begannen, ihre Flüssigseife nachzufüllen, anstatt jeden Monat eine neue Flasche zu kaufen oder sich an ihre wiederverwendbaren Trinkflaschen und Stoffbeutel erinnerten, bevor sie das Haus verließen, dann freute ich mich über meinen positiven Einfluss. Meine Videos schienen den Leuten zu gefallen, auch wenn ich

Erfreulicherweise hat sich in den letzten Jahren sehr viel getan, und jede Woche eröffnet irgendwo ein neuer Unverpackt-Laden. Auch immer mehr führende Supermarktketten bieten ihren Kunden mittlerweile an, Feinkost, Käse, Fleisch und Obst in ihren eigenen Behältern einzukaufen, und haben Plastiktüten komplett abgeschafft. Die Medien haben unglaubliche Arbeit geleistet und sorgen dafür, dass das Thema »Müll« präsent bleibt. Regierungen auf der ganzen Welt diskutieren über Steuern auf Einwegkunststoffe. Ich wünschte, ich könnte Ihnen sagen, dass ich meinen Jahresmüll in ein kleines Gefäß packen kann, wie es einige Anhänger der Zero-Waste-Bewegung tatsächlich schaffen. Aber aufgrund meines Wohnorts, meiner eingeschränkten Kompos-

tierungsmöglichkeiten und der Tatsache, dass manchmal nicht wiederverwertbare Kunststoffverpackungen unbeabsichtigt zu mir nach Hause gelangen, produziere ich immer noch Müll. Ich bin nicht perfekt und ich glaube auch nicht, dass man versuchen sollte, es zu sein. Es gibt allerdings eine offensichtliche Veränderung, seitdem ich versuche, müllfrei zu leben: Nicht nur die Menge des Mülls hat sich drastisch verringert, sondern auch die Art. Das meiste davon sind Essensreste – und ich liege der Gemeinde in den Ohren, dass sie endlich Kompostsammelbehälter am Straßenrand aufstellt. In ein paar Straßen meiner Gegend probieren sie es nun aus. Insgesamt werfe ich heute viel weniger weg als früher. Aus zwei großen Plastiktüten pro Woche ist eine kleine Papiertüte alle zwei Wochen geworden.

Indem wir bei jedem Cent, den wir ausgeben, an die Welt denken, in der wir leben möchten, und Veränderungen – egal wie klein – in unseren Alltag integrieren, sehen wir schnell Erfolge. Es gibt nichts Schöneres, als im Einklang mit den eigenen Werten zu leben – daher empfinden wir die Veränderungen auch nicht als Einschränkungen, sondern vielmehr als Gewinn.

EINLEITUNG

In den letzten Jahren ist dank sozialer Netzwerke und Fernsehberichte das Bewusstsein der Menschen für einen kritischen Umgang mit Plastik gestiegen. Der Schwerpunkt liegt dabei auf Einwegartikeln aus Plastik. Studien belegen die weite Verbreitung dieses Materials und berichten von angeschwemmtem Müll auf Henderson Island im Südpazifik, einer unbewohnten Insel in einem der entlegensten Teile der Welt, der zu 99,8 Prozent aus Plastik besteht.[1] Mikrofasern aus Kleidung sowie Mikroplastik – Plastikpartikel, die im Laufe der Zeit in immer kleinere Teilchen zersetzt werden – kontaminieren sowohl unsere Nahrungskette[2] als auch den Großteil des Leitungswassers und des in Flaschen abgefüllten Wassers auf der ganzen Welt.[3]

Für mich geht ein müllfreier Lebensstil jedoch über die Vermeidung von Einwegkunststoffen hinaus und befasst sich stattdessen mit allen Bereichen unnötigen Mülls, den wir tagtäglich erzeugen – häufig, ohne uns dessen bewusst zu sein. Waren werden zunehmend überverpackt, und vieles davon ist unnötig. Verpackungsmaterial wie Kunststoff gegen ein anderes (z. B. Glas, Metall, Papier, Pappe) auszutauschen ist zwar besser, als weiterhin Plastik zu verwenden, fördert jedoch immer noch die Einweg-Überverpackung und ver-

STÜCKSEIFE

BADEKUGELN

schwendet Ressourcen. Die einfachste und nachhaltigste Lösung ist auf jeden Fall der komplette Verzicht auf Verpackung.

Wie viele andere fühlte ich mich von all den Informationen, den Statistiken und den komplizierten und unwirksamen Systemen rund um das Thema »Müll« absolut überfordert. Den meisten Menschen erscheint das Müllproblem so groß, dass sie gar nicht wissen, wo sie überhaupt anfangen sollen. Und selbst wenn sie irgendetwas tun – werden ihre Handlungen von Bedeutung sein? Wenn wir uns einmal des Problems bewusst sind, ist es das Beste, was wir als Einzelne tun können, die Gewohnheiten in unserem eigenen Leben entsprechend zu verändern. Nur Regierungen und Unternehmen können den Müll in großem Stil bekämpfen und damit drastische Veränderungen erzielen. Daher hat es oft den Anschein, als müssten wir ewig warten, bis sich Änderungen, die wir selbst vornehmen, überhaupt bemerkbar machen.

Mit diesem Buch möchte ich Sie in die Grundlagen einführen und Ihnen den Weg zu müllreduzierenden Gewohnheiten ebnen. Da es sich um ein Lifestyle-Buch handelt, finden Sie nur wenige Fakten und Statistiken. Meiner Meinung nach führen diese nur dazu, die Menschen durch das schiere Ausmaß des Problems zu verunsichern und zu lähmen. Ich dagegen möchte Sie positiv darin bestärken, dass Ihr persönliches Handeln von Bedeutung ist, und ich glaube, ein solches Buch ist weitaus wirksamer als ein furchterregender, faktenlastiger Schmöker. Dafür gibt es Google!

In der müllfreien Welt wird viel Wert darauf gelegt, alles selbst herzustellen oder Alternativen zu wählen, die sich für meinen Geschmack oft etwas zu »sperrig« anfühlen. Einige Leute mögen ja die Vorstellung lieben, ihre eigenen Luffaschwämme anzubauen, Rosskastanien anstelle von Waschpulver zu verwenden oder ihre Damenbinden selbst zu nähen. Aber ganz ehrlich, ich habe noch nie eines dieser Dinge getan und ich kann mir auch nicht vorstellen, dass meine Mutter, Schwägerin oder beste Freundin Lust haben, ihre Luffaschwämme selbst zu ziehen.

Als ich dieses Buch schrieb, habe ich mich an Freunden und Verwandten orientiert. Ich wollte eine leicht verständliche, schrittweise Anleitung erstellen, die in ein müllfreies Leben führt. Dabei konzentriere ich mich zunächst auf ganz einfache Veränderungen einiger Gewohnheiten und stelle anschließend leicht umsetzbare Möglichkeiten vor, Müll in den verschiedenen Alltagsbereichen zu reduzieren.

BEGINNEN SIE MIT
KOSTENLOSEN GLÄSERN

Was zum Teufel bedeutet Zero Waste?

Der Zero-Waste-Lebensstil kann für jeden etwas anderes bedeuten. Ursprünglich kommt der Begriff aus der Industrie, wurde aber dann von jenen übernommen, die ihre tagtäglich produzierte Müllmenge reduzieren möchten. Das eigentliche Ziel ist es natürlich, überhaupt keinen Müll mehr zu verursachen. Allerdings akzeptieren die meisten Menschen, die sich einem Leben ohne Müll verschrieben haben, dass dies in einem von Bequemlichkeit und ständiger Verfügbarkeit geprägten System fast unmöglich ist. Für die meisten bedeutet Zero Waste daher, einen einfacheren und bewussteren Lebensansatz zu wählen, althergebrachte Gewohnheiten abzulegen und wiederverwendbare Alternativen zu Einwegartikeln zu finden. Ich habe die Welt, in der wir leben, schon immer mit großer Neugier betrachtet, und es hat mir großen Spaß gemacht, mich intensiver mit dem Thema Müll, Kunststoffe und Umwelt zu beschäftigen. Jeder Mensch wird und darf Zero Waste ein wenig unterschiedlich interpretieren. Entdecken Sie, was es für Sie bedeutet, und machen Sie sich auf die Suche nach dem Bereich, in dem es Ihnen gelingt, nachhaltig und effektiv Müll zu reduzieren.

DIE »R« VON ZERO WASTE

Zero-Waste-Pionierin Bea Johnson skizziert anhand der fünf »R« – **Refuse, Reduce, Reuse, Recycle, Rot (Ablehnen, Reduzieren, Wiederverwenden, Recyceln, Kompostieren) –,** wie man ein Leben ohne Müll effektiv verwirklichen kann. Ich habe mich entschlossen, diese um zwei weitere »R« **– Repair, Respond (Reparieren, Reagieren) –** zu erweitern. Sie stellen meiner Meinung nach wichtige Ergänzungen für ein erfolgreiches Leben ohne Müll dar. Eigentlich müsste Recyceln das letzte »R« sein – durch Ablehnen, Reduzieren, Wiederverwenden und Reparieren sollte die Menge des recycelbaren Mülls ohnehin schon minimiert sein.

1 REFUSE (ABLEHNEN)

Lehnen Sie ab, was Sie nicht brauchen. Sagen Sie »nein danke!« zu Werbegeschenken, Flyern, Proben, Plastiktüten, Strohhalmen, Wurfsendungen, Visitenkarten (machen Sie stattdessen ein Foto), Servietten, Taschentüchern, Kassenbons und Geschenkverpackungen. Die Dinge, die wir gar nicht erst in unser Leben lassen, müssen wir später weder aufbewahren noch wegwerfen, denn nehmen wir sie an, ist es eine indirekte Aufforderung, noch mehr davon zu produzieren. Je mehr wir ablehnen, desto mehr tun wir für die müllfreie Welt, die wir uns wünschen. Es kann Ihnen anfangs etwas unangenehm sein, aber finden Sie einen Satz, der für

Sie passt. Ein einfaches »Nein danke! Ich brauche nichts« oder ein »Vielen Dank, ist nicht nötig« sind völlig ausreichend. Es gibt keinen Grund, andere für ihre Müllproduktion zu tadeln. Vielleicht erscheint es Ihnen auch sinnlos, einen Kassenbon abzulehnen, wenn er ohnehin automatisch ausgedruckt wird. Doch je mehr Menschen ihn ablehnen, desto schneller füllt sich der Papierkorb des Einzelhändlers mit unerwünschten Kassenzetteln und bewegt ihn vielleicht eher, über andere Möglichkeiten nachzudenken. Unterschätzen Sie die Macht der (freundlichen!) Ablehnung nicht! Je mehr Sie üben, desto natürlicher fühlt es sich an. Und es kostet nichts!

2 REDUCE (REDUZIEREN)

Beschränken Sie sich auf das, was Sie wirklich brauchen. Weniger ist mehr. Durch die Reduzierung meiner Bedürfnisse fühlte ich mich weniger gestresst und im Laufe der Zeit sparte ich auch Geld. Natürlich produziere ich dadurch auch weniger Müll. Ich reduzierte meinen Bedarf an Einwegartikeln, indem ich sie durch wiederverwendbare Alternativen bzw. durch Kombi-Produkte ersetzte, oder ich stellte fest, dass ich sie gar nicht brauche. Jeder hat andere Bedürfnisse, also ist das Reduzieren eine sehr persönliche Angelegenheit. Jemand, der viel backt und kocht, wird eine große Auswahl an Küchenutensilien benötigen. Beurteilen Sie selbst, was Sie brauchen und was vergessen in der hintersten Ecke Ihres Küchenschranks steht, was also

bleiben und was gehen soll. Einige Dinge, die ich nicht mehr brauche, sind: Frischhaltefolie, Küchenpapier, Alufolie, Einwegrasierer, Einweg-Menstruationsprodukte (dazu später mehr), eine Kaffeemaschine, einen Milchaufschäumer, CDs, DVDs, ein Auto (bei Bedarf mieten wir eins) und Zeitschriftenabonnements.

Eigentlich haben wir unseren gesamten Besitz reduziert. Wenn wir etwas brauchen, leihen oder mieten wir es. Vor einigen Jahren etwa haben mein Mann und ich mit ein paar Freunden eine Nacht wild gecampt. Anstatt ein Zelt, Ruck- und Schlafsäcke zu kaufen, fragten wir Freunde auf Facebook, ob sie uns diese Dinge für eine Nacht leihen könnten. Wir bekamen alles, was wir

brauchten, und später waren wir froh, dass wir diese Dinge nicht in unserer winzigen Wohnung lagern mussten.

Wir haben einen Großteil unserer Besitztümer verkauft oder gespendet. Die Anzahl an Webseiten und Apps, über die Sie die unterschiedlichsten Artikel schnell und einfach verkaufen können, wächst stetig. Außerdem verdient man sich ein bisschen was dazu. Reduzieren Sie Ihren Besitz ver-

antwortungsbewusst, indem Sie so viel wie möglich spenden, verkaufen oder recyceln. Einige Dinge werden wahrscheinlich nicht mehr zu retten sein, aber Sie können Sie immer noch auf einer Seite wie Freecycle oder nebenan.de anbieten – möglicherweise sucht jemand nach genau diesem Ersatzteil oder kann es zufällig für ein Kunstprojekt gebrauchen. Des einen Mannes Müll ist des anderen Mannes Schatz, wie ein Sprichwort so schön sagt.

3 REUSE (WIEDERVERWENDEN)

Ersetzen Sie Einwegartikel durch wiederverwendbare Mehrwegartikel. Glücklicherweise gibt es mittlerweile zu den meisten Einwegartikeln wiederverwendbare Alternativen. Wiederverwenden bedeutet hier aber nicht recyceln! Vielmehr behalten wir den Gegenstand in seiner aktuellen Form und verlängern dadurch seinen Nutzen, ohne dass es erforderlich ist, ihn erst auseinander- und dann wieder zusammenzubauen. Die Wiederverwendung ist eigentlich mein Lieblings-»R« in der Welt des Zero Waste. Es ist der Wendepunkt, an dem wir uns von Einwegartikeln trennen und beginnen, wiederverwendbare Alternativen zu finden, die uns eine lange Zeit begleiten werden. Wiederverwendbare Produkte können zu Beginn Kosten verursachen, was manche zunächst abschreckt. Ich habe aber festgestellt, dass ich durch die Investition in wiederverwendbare Produkte, die ich mag, auch viel häufiger daran denke, sie zu verwenden. Auf lange Sicht habe ich dadurch sogar Geld gespart. Eine meiner ersten Investitionen in Wiederverwendbares war eine Menstruationstasse als Ersatz für Einwegbinden und Tampons. Sie hat mich ca. 24 Euro gekostet, wird mich aber zehn Jahre begleiten. Eine menstruierende Frau gibt schätzungsweise 5–14 Euro monatlich für Tampons und Binden aus. Selbst wenn wir vom niedrigsten Betrag ausgehen, hatte sich meine Menstruationstasse bereits nach fünf Monaten amortisiert. Das bedeutet, dass ich seitdem jeden Monat Geld spare, und das für ein gesamtes Jahrzehnt. Eine wiederverwendbare Wasserflasche mitzu-

nehmen, anstatt unterwegs eine Flasche zu kaufen, ist ein weiteres gutes Beispiel für deutliche Einsparungen. Aber der größte Gewinn von allen ist in meinen Augen der eingesparte Müll. Denn durch Mehrweg-produkte anstelle von Einwegprodukten schaffen wir nachhaltigere Gewohnheiten in Sachen Müllvermeidung.

Mehrwegartikel müssen nicht teuer sein, und oft haben wir sie bereits im Schrank. Widerstehen Sie jedoch der Versuchung, jeden wiederverwendbaren Gegenstand zu horten, insbesondere, wenn er eigent-lich gar nicht benötigt wird. Es ist Ver-schwendung, 50 Gläser zu bunkern, wenn Sie tatsächlich nur 20 brauchen. Wenn Sie zuerst ablehnen und reduzieren, gibt es

auch weniger Dinge, die wiederverwendet werden müssen. Secondhand-Shopping, Ausleihen oder Mieten sind gute Möglich-keiten der Wiederverwendung. Einige meiner Lieblings-Mehrwegartikel sind: Rasierapparat, Wasserflasche, Menstru-ationstasse, Baumwoll-Taschentücher, wiederaufladbare Batterien, Thermo-Kaf-feebecher für unterwegs, Küchentücher (kein Küchenpapier mehr) und Metalldosen für den Einkauf von Fleisch und Käse.

4 REPAIR (REPARIEREN)

Reparieren und pflegen Sie Ihre Sachen, damit sie länger halten. Ich hätte den Abschnitt »Wiederverwenden« auch um »Reparieren« ergänzen können, aber ich war der Meinung, dass Letzteres ein eigenes »R« verdient. Leider ist es oft günstiger, einen Gegenstand neu zu kaufen, als einen alten reparieren zu lassen, und immer weniger Unternehmen bieten einen Reparaturservice an.

Wenn ich die Wahl habe, entscheide ich mich immer für Artikel, die mit Reparaturservice angeboten werden. Meine Jeans beispielsweise sind nicht nur aus Bio-Baumwolle, sondern enthalten auch einen lebenslangen kostenlosen Ausbesserungsservice. Wenn Sie in reparierbare Produkte investieren, unterstützen Sie nicht nur die Unternehmen, die Verantwortung für ihre Produkte übernehmen,

sondern sparen langfristig auch Geld und Ressourcen. Anstatt jedes Jahr in einen neuen Wintermantel zu investieren, gehe ich mit meinem zum örtlichen Schneider und lasse das Futter ersetzen, wenn es zerschlissen ist. Ich glaube auch, dass Reparaturen auf eine magische Art eine Bindung zu unseren Sachen aufbauen und wir sie länger lieben. Einige Beispiele für Gegenstände, die ich kürzlich habe reparieren lassen, sind: Schuhe, Jeans, Mantel, Laptop, Telefon und Handtaschenriemen.

Ich wünsche mir für die nahe Zukunft, dass alle Unternehmen einen Reparaturservice als Teil ihres Geschäftsmodells anbieten. Dadurch würden sie tatsächlich Verantwortung für ihre Produkte übernehmen und die Kundenbindung stärken. Sie hätten dann die Reparaturfähigkeit schon bei der Produktion im Blick.

5 RECYCLE (RECYCELN)

Recyceln Sie, was Sie nicht ablehnen, reduzieren, wiederverwenden oder reparieren können. Für viele Menschen gilt Recycling als die Lösung für unsere Müllprobleme, doch in Wahrheit sollten wir darauf abzielen, WENIGER zu recyceln. Natürlich spielt Recycling bei der Rückgewinnung von Rohstoffen und deren Nutzung eine entscheidende Rolle, aber es kann nicht alles sein, wenn wir ernsthaft versuchen wollen, Müll zu reduzieren. Auch ist Recycling nicht gleich Recycling. Kunststoffe zum Beispiel werden häufig einem »Downcycling« unterzogen, was bedeutet, dass sie zu einem Material von geringerer Qualität verarbeitet werden, welches dann nicht mehr recycelt werden kann. Recycelter Kunststoff wird also erst später zu Müll, aber am Ende landet er doch dort. Aluminium und Glas hingegen können unbegrenzt recycelt werden, ohne an Qualität zu verlieren, während Karton und Papier mehrmals recycelt und anschließend kompostiert werden können.

Wenn ich also etwas mit Verpackung kaufen muss, suche ich nach einer Verpackung aus Metall, Glas oder Pappe, die später erneut zu einem ähnlichen Produkt verarbeitet werden kann.

Mit dem Kauf von Produkten aus recycelten Materialien steigert man automatisch auch die Nachfrage. Bei geringer Nachfrage sind diese Materialien von geringem Wert und werden möglicherweise weggeworfen, auch wenn sie noch recycelt werden könnten. Doch seien Sie vorsichtig bei Produkten aus recyceltem Kunststoff. Ich sehe zum Beispiel immer mehr Kleidungsstücke, auf deren Etiketten stolz verkündet wird, dass sie aus recyceltem Strandplastik hergestellt wurden. Keine schlechte Idee – bis Sie gelesen haben, dass diese Materialien in der Waschmaschine winzige Kunststoffpartikel freisetzen, die in unserer Nahrungskette und im Leitungswasser landen und ins Meer gelangen, wo sie gefressen werden.[4] Nicht so toll! Prüfen Sie auch, ob der Artikel aus recyceltem Material tatsächlich selbst auch recycelt werden kann. Mischgewebe, die nicht getrennt werden können, landen nämlich doch auf der Mülldeponie.

Das Recyceln wird wohl immer zu einem Zero-Waste-Lebensstil dazugehören, aber immerhin muss unser Papierkorb mit Recycling-Materialien nur noch einmal im Monat geleert werden.

Öffentliche Recycling-Systeme unterscheiden sich von Ort zu Ort – manchmal sammeln sogar benachbarte Gemeinden völlig unterschiedliche Materialien, wobei die eine alle Wertstoffe in einem einzigen Behälter annimmt und die andere fordert, dass Sie diese zuerst trennen. Machen Sie sich mit dem vertraut, was von Ihrem örtlichen Abholservice akzeptiert wird. Haben Sie Gegenstände, die nicht abgeholt werden, prüfen Sie, ob sie zu einem nahegelegenen Wertstoffhof oder zu einer Fachfirma gebracht werden können.

Nach dem Entrümpeln habe ich beispielsweise Weinkorken und alte zerkratzte CDs an Firmen geschickt, die diese aktiv in neue Produkte recyceln. Dinge wie Speiseöl, Metallrasierklingen und Batterien (obwohl ich jetzt natürlich wiederaufladbare verwende) bewahre ich auf und bringe sie dann gesammelt zu einem größeren Wertstoffhof in meiner Nähe.

Es gilt zu bedenken, dass es in vielen Ländern noch immer keine Recycling-Systeme gibt. Zum Glück gibt es Wohltätigkeitsorganisationen, die daran arbeiten, Recyclinganlagen in solchen Ländern einzurichten. Durch ihre Arbeit tragen sie dazu bei, wertvolle Materialien wiederzugewinnen, die Umweltbedingungen vor Ort zu verbessern und Arbeitsplätze zu schaffen, die es sonst dort nicht geben würde.

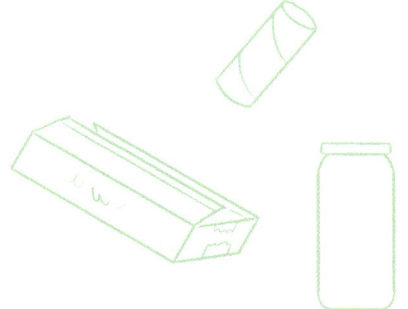

6 ROT (KOMPOSTIEREN)

Kompostieren Sie den Rest! Ich wünschte, ich hätte früher damit begonnen. Ich habe mich für einen Haushalts-Wurmkomposter entschieden, werde aber später auf die verschiedenen Systeme eingehen (siehe Seite 128). Es ist äußerst befriedigend, den Kreislauf zu schließen, und mit der Kompostierung können Sie das Geschehen mit eigenen Augen verfolgen. Gemüseschalen und Eierkartons werden auf magische Weise innerhalb weniger Wochen zu nährstoffreichem Pflanzenfutter verarbeitet.

Vielleicht gibt es bei Ihnen auch eine Biotonne, die regelmäßig abgeholt wird. Wenn ja, nutzen Sie sie! Sie werden überrascht sein, wie wenig Abfall verbleibt, wenn Sie mit der Kompostierung beginnen. Mein Wurmkomposter ist zwar in seiner Aufnahmefähigkeit begrenzt (z. B. kein Fleisch, keine Milchprodukte oder Zitrusschalen), es ist aber dennoch gelungen, unseren Lebensmittelmüll drastisch zu reduzieren.

Einige der Dinge, die regelmäßig in unserem Wurmkomposter landen: Kaffeesatz, Teeblätter (viele Teebeutel enthalten Plastik, überprüfen Sie dies vor dem Kompostieren), Haare, Obst- und Gemüsereste, gewaschene Eierschalen, Eierkartons (obwohl ich sie kaum noch habe, da ich meist lose Eier kaufe), gereinigtes Butterbrotpapier, zertifizierte biologisch abbaubare Frischhaltefolie und Streichhölzer.

7 RESPOND (REAGIEREN)

Reagieren Sie mit Kritik. Ich werde später in diesem Buch (siehe Seite 132–142) ausführlicher darauf eingehen, aber ich möchte, dass Ihnen schon jetzt bewusst ist, dass wir als Bürger und Verbraucher große Macht haben. Nehmen Sie sich die Zeit, um mit einem Unternehmen über dessen Verpackungen zu diskutieren. Es ist nicht besonders zeitaufwendig, mit einem Unternehmen zu twittern oder zu mailen, es kann aber viel bewirken. Ihre Stimme ist wichtig. Sie sollten sich also in der Verantwortung fühlen, sich zu äußern und, falls erforderlich, unerwünschte Verpackungen zurückzusenden, damit sie gewissenhaft entsorgt werden.

WIE MAN DIESES BUCH BENUTZT

Dieses Buch soll als Leitfaden dienen (und von Zeit zu Zeit in die Hand genommen oder an Freunde weitergegeben werden, sobald Sie glauben, es nicht mehr zu brauchen). Beginnen Sie mit den einfacheren, »tief hängenden Früchten«, und arbeiten Sie sich schrittweise zu den größeren Aufgaben vor. Ob Sie nun sechs Wochen oder sechs Monate oder sogar sechs Jahre benötigen – Zero Waste entsteht nicht über Nacht, und für die meisten von uns ist ein Leben ohne Müll auch gar nicht wirklich möglich. Ich möchte, dass dieses Buch wie eine beruhigende Stimme ist, die alle Schuldgefühle beseitigt und Sie ermutigt, in jedem Moment Ihr Bestes zu geben und sich auf die positiven Wirkungen der ergriffenen Maßnahmen zu konzentrieren.

In diesem Buch zeige ich Ihnen, was für mich funktioniert hat, aber ich möchte, dass der Schwerpunkt auf Ihren Veränderungen liegt und Sie sich dazu ermutigt fühlen, selbst kreativ zu werden und neue Gewohnheiten einzuführen. Was zu Ihrem Lebensstil passt, wird Ihnen in Fleisch und Blut übergehen. Aber das müssen Sie selbst ausprobieren.

Nachdem ich nun schon mehrere Jahre so lebe, möchte ich alle Mythen zerstreuen, die besagen, dass dieser Lebensstil zu extrem, zu schwierig oder gar ein fauler Kompromiss ist. Finden Sie heraus, was für Sie funktioniert. Nehmen Sie das »Zero« nicht allzu wörtlich, haben Sie es aber trotzdem immer im Blick und geben Sie sich nicht damit zufrieden, einfach ein bisschen besser zu recyceln. In unserem linearen System von Nehmen, Machen, Wegwerfen ist es fast unmöglich, die »Null« zu erreichen. Doch Müll ist nicht gleich Müll. Ich mag die Bezeichnung »null Müll«, da sie mich zum Nachdenken darüber ermutigt, was ich sonst noch tun könnte. Wenn Sie »wenig Müll« oder »etwas weniger Müll« vorziehen, tun Sie es. Was auch immer für Sie am besten funktioniert!

Wir alle leben verschiedene Leben mit unterschiedlichen Bedürfnissen. Was für mich im regnerischen London funktioniert, wird möglicherweise für jemanden, der in größter Hitze auf der anderen Seite der Welt lebt, nicht praktikabel sein. Ich möchte Sie ermutigen, lokal zu denken, die vorhandenen Systeme zu nutzen und ein eigenes Regelwerk zu erstellen, das Ihren Werten, Ihrer Lebenssituation und Ihrem Budget entspricht. Es gibt keinen einheitlichen Ansatz, kein Richtig oder Falsch, keine Regeln, die gebrochen werden könnten. Dies ist Ihre Reise, und Sie entscheiden, wie weit Sie gehen möchten.

Dieses Buch besteht aus vier Teilen. Zunächst finden Sie Vorschläge für Maß-nahmen, mit denen Sie im Verlauf von sechs Wochen (oder in einem für Sie angemessenen Zeitraum) neue, müllredu-zierende Gewohnheiten etablieren können.

Darauf aufbauend erläutere ich Ihnen dann »Zero Waste im Einsatz«. Hier finden Sie Beispiele, wie Sie diesen Lebensstil in verschiedenen Bereichen umsetzen können, z. B. in der Zeit mit Freunden und Familie, bei Feiern und auf Reisen. Im dritten Abschnitt habe ich all meine Lieblingstipps zu den Themen Essen, Putzen und Schönheitspflege gesammelt. Schließlich finden Sie ein umfangreiches Verzeichnis mit nützlichen Produkten, Dienstleistungen und Bezugsquellen rund um Zero Waste.

Zero-Waste-Terminologie

Schüttgut oder **Großgebinde** oder einfach **»lose«**. Ich dachte immer, Schüttgut sei eine enorme Menge von etwas, wie riesige Wannen voll Mayonnaise oder Säcke mit braunem Reis. Dann entdeckte ich jedoch, dass der Begriff auch für Trockenwaren, Öle, Weine und Putzmittel stehen kann, die man aus Großverpackungen in Unverpackt-Läden bekommt. Wer keinen Unverpackt-Laden in der Nähe hat, aber auf Verpackungen verzichten möchte und über ausreichend Lagerplatz verfügt, für den scheint der direkte Kauf von Großpackungen die beste Lösung. Ich möchte Sie aber vor allem dazu ermutigen, mit Ihren eigenen Behältern in die Läden zu gehen und das nachzufüllen, was Sie brauchen. So schaffen wir neue Verbrauchergewohnheiten und eine Wirtschaft auf der Grundlage des Nachfüllens. So werden hoffentlich bald noch mehr Anbieter praktikable Nachfüllmöglichkeiten und Spender für lose Trockenwaren auf den Markt bringen.

Tara ist das Gewicht eines leeren Behälters. Wenn Sie Ihre eigenen Gläser, Dosen und Stoffbeutel in ein Geschäft mitbringen, das diese Art von Einkauf unterstützt, wird der Behälter vor dem Befüllen auf der Waage tariert. In vielen Unverpackt-Läden können Sie den leeren Behälter selbst wiegen und das Taragewicht einfach deutlich außen aufschreiben, damit der Kassierer es sehen kann. In beiden Fällen wird das Gewicht des Behälters vom Gesamtgewicht abgezogen, sodass Sie nur für das bezahlen, was sich darin befindet. In Geschäften, die diesen Service nicht anbieten, verwende ich Stofftaschen, die sehr leicht sind.

DIE VORTEILE

Obwohl sich der Zero-Waste-Lebensstil auf die Reduzierung des persönlichen Mülls konzentriert, entdeckte ich erfreut, dass ich durch dieses Leben auch Geld gespart, meine Gesundheit verbessert und mein Selbstvertrauen gestärkt habe. Endlich fühle ich mich so, als würde ich im Einklang mit meinen Werten leben. Selbst wenn mir jemand sagen würde, dass meine heutige Lebensweise keinerlei Einfluss auf die globale Müll- oder Umweltproblematik hat, würde ich dennoch so weiterleben. Es ist einfacher und weitaus erfüllender als der Versuch, mit dem hektischen Wettlauf um Bequemlichkeit Schritt zu halten.

VORTEIL 1

GELD SPAREN

Der Verzicht auf den Kauf von Zeitschriften, teuren Reinigungsmitteln, Einweg-Hygieneartikeln, Küchenpapier, Alu- und Frischhaltefolie sowie die Entscheidung für gebrauchte Artikel anstelle von Neuware führt im Laufe der Zeit zu enormen Einsparungen. In vielen Fällen sind unverpackte Lebensmittel wesentlich günstiger als die verpackten Entsprechungen. Allerdings scheint dieser Lebensstil gerade bei Lebensmitteln zunächst etwas teurer zu sein. Doch bedenken Sie, billiges Essen ist nicht ohne Grund billig. Aber selbst wenn Sie am Ende etwas mehr ausgeben, sparen Sie das Geld dafür in anderen Bereichen wieder ein. Insgesamt ist der Zero-Waste-Lebensstil weitaus kostengünstiger. Ein müllfreies Leben ermutigt Sie auch, jeden Lebensmittelrest aufzubrauchen, denn, auch wenn sie kompostiert werden können, bleiben Lebensmittelabfälle Abfall. Noch besser ist es daher, noch eine zusätzliche Mahlzeit oder einen kleinen Imbiss aus den Resten zuzubereiten.

GESÜNDER LEBEN

Eine der überraschendsten Nebenwirkungen des Zero-Waste-Lebensstils war für mich meine verbesserte Gesundheit. Nicht, dass ich vorher krank gewesen wäre, aber mein Geruchssinn zum Beispiel wurde viel feiner, da ich chemischen Reinigungsmitteln, synthetischen Parfüms und mit Duftstoffen angereicherten Körperpflegeartikeln weniger ausgesetzt war. Ich bekomme auch nur noch selten eine Erkältung oder Grippe. Mein Mann hat diesen Unterschied auch bemerkt, und wir beide stellten fest, dass wir von künstlichen Reinigungsmitteln nun Kopfschmerzen bekommen und sie bei ihm sogar Atemnot verursachen. Als wir Verwandte auf dem Land besuchten, bekam er wegen der Reinigungsprodukte, die sie in ihrem Haus verwendeten, kaum noch Luft. Er sah sich die Inhaltsstoffe an und stellte schockiert fest, dass sie alle zu Atemproblemen führen können.

Wie traurig, dass unsere Körper zuvor von diesen Chemikalien so betäubt waren, dass sie die Nebenwirkungen gar nicht bemerkten. Mit ihrem »Duft« wollen die Hersteller vielleicht nur verbergen, was wirklich in ihren Produkten steckt. Wir haben ehrlich gesagt keine Ahnung davon, was wir jeden Tag auf unsere Körper schütten oder zu Hause herumsprühen.

Wir haben unsere Reinigungsprodukte auf Essigessenz, Natron und ein Spülmittel-Nachfüllprodukt reduziert, und unsere Körperpflegeartikel bestehen aus natürlichen Inhaltsstoffen. Wir haben keine Duftkerzen, Lufterfrischer oder Produkte, wie beispielsweise Lotionen, die synthetische Düfte enthalten. Das einzige Parfüm, das ich gelegentlich auftrage, besteht zu 100 Prozent aus Bio-Alkohol und ätherischen Ölen (und kann nachgefüllt werden).

Wir kochen mehr selbst, wobei der Großteil unseres Essens aus saisonalen, regionalen Lebensmitteln besteht, von denen die meisten ohne Pestizide angebaut werden.

Untersuchungen haben ergeben, dass fast die Hälfte unserer Lebensmittel Pestizid-rückstände enthält[5] – in vielen Fällen bestehen die Rückstände aus mehr als einem Pestizid. Ich fühle mich nicht wohl, wenn ich mich diesen dreimal täglich aussetze. Da die meisten Imbiss- und Fertiggerichte aufwendig verpackt sind, essen wir sie nicht, was bedeutet, dass wir viel weniger Konservierungsmittel, künstliche Aromen, Lebensmittelfarbstoffe, Geschmacksverstärker und versteckten Zucker konsumieren.

Eine kürzlich von australischen Forschern durchgeführte Studie hat sogar Zusammen-hänge zwischen den in Lebensmittelver-packungen aus Kunststoff vorkommenden Chemikalien und dem vermehrten Auftreten von Herz-Kreislauf-Erkrankungen, Diabetes Typ II und Bluthochdruck bei Männern fest-gestellt.[6] Dies ist ein weiterer guter Grund, verpackte Lebensmittel zu vermeiden, vor allem, wenn es sich um Kunststoffverpa-ckungen handelt.

Mit Gegenständen aus natürlichen Mate-rialien oder Gebrauchtwaren reduzieren wir auch die Exposition gegenüber schädlichen Chemikalien, die unser Heim verpesten.[7]

WENIGER VERSCHWENDUNG

Häufig höre ich das Argument, dass Verpackungen die Lebensmittelverschwendung reduzieren, da sie die Lebensmittel während des Transports schützen. Ich stimme dem nicht zu. Stattdessen glaube ich, dass die Verpackung ein nicht nachhaltiges System ermöglicht, indem sie die Einfuhr von Lebensmitteln aus fernen Ländern fördert und häufig zu großen Mengen an Lebensmittelabfällen führt, entweder nach dem Öffnen zu Hause oder bereits in den Supermärkten bei abgelaufenem Verfallsdatum.

Etwa 40 Prozent der verpackten Salatblätter beispielsweise werden weggeworfen. Was für eine Verschwendung! Diese Blätter wurden nicht nur in anderen Ländern gepflückt, in mit Stickstoff gefüllten Einwegkunststoff verpackt und um die ganze Welt geflogen, sondern sind innerhalb von ein oder zwei Tagen in unseren Kühlschränken welk und werden anschließend weggeworfen. Lebensmittelverpackungen dienen dem Schutz der Lebensmittelverkäufer und nicht der Lebensmittel. Es ist viel besser, ein oder zwei Kopfsalate aus lokalem Anbau zu kaufen. Sie halten sich länger und schmecken auch viel leckerer.

Dann ist da noch die Sache mit dem Mindesthaltbarkeitsdatum. Die Hälfte der Lebensmittel, die wir wegwerfen, könnte noch gegessen werden. Ein Mindesthaltbarkeitsdatum für Lebensmittel ist grundsätzlich keine verlässliche Methode, um festzustellen, ob sie noch gut sind oder nicht. Früher habe ich alles, was einen Tag vor dem Ablauf war, weggeworfen. Inzwischen verlasse ich mich auf meine Sinne – Fühlen, Sehen und Riechen –, und erfreulicherweise bin ich in den letzten fünf Jahren kein einziges Mal an einer Lebensmittelvergiftung erkrankt. Ich fühle mich den Nahrungsmitteln wieder näher, schätze, was gerade Saison hat, und kann viel besser beurteilen, wie lange sie genießbar sind.

MEHR LEBENSQUALITÄT

Die meisten Menschen vermuten, dass ein Zero-Waste-Lebensstil unbequemer und auch zeitaufwendiger sein wird. Es mag auch auf den ersten Blick so aussehen, besonders wenn man sich umgewöhnen und erst herausfinden muss, wo man Lebensmittel und plastikfreie Kosmetikprodukte kauft oder wie man unterwegs zu Mittag isst. Aber ich habe festgestellt, dass man tatsächlich viel Zeit einspart, sobald diese Dinge erst einmal geregelt sind. Hinzu kommt der Bonus, dass sich auch die übliche Hausarbeit reduziert hat. Es lässt sich viel entspannter putzen, wenn weniger Zeugs herumsteht und nur ein paar wenige Reinigungsprodukte zum Einsatz kommen.

Ich vergeude meine Samstagnachmittage nicht länger damit, sinnlos nach Dingen zu suchen, die ich nicht brauche, um mir die Zeit zu vertreiben. Stattdessen genieße ich es, mit Freunden oder der Familie essen zu gehen, neue Hobbys zu erlernen (Bienenhaltung, Löffelschnitzen, Mundharmonika spielen!) oder mit meinem Mann im Grünen spazieren zu gehen.

Ich muss nicht mehr stapelweise Quittungen (mit Ausnahme meiner jährlichen Steuererklärung), Werbepost (einige landen gelegentlich immer noch in meinem Briefkasten) oder Dokumente (die meisten sind online verfügbar) sortieren.

Ich bin auch besser organisiert, da ich durch vorausschauendes Denken und ein wenig Planung meine Zeit effizienter nutzen kann. Außerdem fühle ich mich viel ruhiger – ich weiß, dass ich alles unter Kontrolle habe.

NEUE FÄHIGKEITEN ERWERBEN

Seitdem ich mich für ein müllfreies Leben entschieden habe, bin ich handwerklich viel geschickter und auch kreativer. Ich weiß jetzt besser, wie man irgendetwas herstellt.

Dank des Zero-Waste-Lebensstils bin ich auch kommunikativer geworden. Von Natur aus schüchtern, empfand ich es früher als unangenehm, in einem Geschäft jemanden zu bitten, mir etwa ein Stück Käse abzuschneiden. Ich fürchtete, den anderen zu belästigen. Doch Zero Waste hat mich ermutigt, meine Komfortzone zu verlassen und den Verkäufer an der Theke zu bitten, ob er mir ein Stück Käse abschneiden und direkt in meinen Stoffbeutel stecken könnte. Diese einfache Gewohnheitsänderung hat dazu geführt, dass ich mich grundsätzlich sicherer fühle, wodurch ich auch nette Menschen kennengelernt habe, die ich wöchentlich sehe.

Ich bin überhaupt neugieriger auf die Welt geworden und habe durch meinen Aufbruch in ein müllfreies Leben die Liebe zum Lernen und Lesen wiederentdeckt. Wenn auch Sie Spaß daran haben, neue Fertigkeiten zu erlernen, und sich an Erfolgserlebnissen erfreuen, ist Zero Waste mit Sicherheit das Richtige für Sie.

IM EINKLANG MIT DEN EIGENEN WERTEN LEBEN

Lange Zeit hatte ich das Gefühl, ein Leben voller Kompromisse zu führen. Ich hasste es, in Kunststoff verpackte Produkte zu kaufen, aber ich wusste nicht, wie ich es vermeiden konnte. Ich wusste, dass Schönheits- und Reinigungsprodukte, die ich verwendete, voller giftiger Chemikalien und wahrscheinlich nicht gut für meine Gesundheit waren. Aber ich hatte keine Ahnung, wie ich etwas ändern sollte oder welche anderen Möglichkeiten es gab. Heute lehne ich unnötige Verpackungen ab, lasse mich nicht auf das Wegwerfsystem ein und gebe mein Geld für Dienstleistungen oder Dinge aus, die so hergestellt werden oder funktionieren, dass sie mit meinen eigenen Werten in Einklang stehen. Dies erfüllt mich mit Befriedigung, und ich fühle mich um einiges freier.

Mir ist aufgefallen, dass die meisten Menschen sehr stolz sind, wenn sie an ihre wiederverwendbare Kaffeetasse gedacht haben oder eine Plastiktüte ablehnen. Dies ist in der Tat ein Wohlfühlfaktor, der schon ein bisschen süchtig macht.

MYTHEN WIDERLEGEN

MYTHOS 1

DU DARFST KEIN FLEISCH ESSEN

Als ich anfing, der ganzen Welt von meiner Zero-Waste-Reise zu erzählen, war ich überrascht, als jemand mir sagte, dass meine Bemühungen vergebens seien, solange ich weiterhin Fleisch essen würde. Irgendwie scheint jeder zu wissen, was der andere tun »sollte«. Doch eigentlich bestimmen das nur Sie selbst. Mein Körper etwa war nach 13 Jahren als Vegetarier endgültig stillgelegt. Ich war erschöpft, antriebslos und ständig hungrig. Jede Zelle meines Körpers schrie nach Fleisch. Ich fühlte mich sofort gesünder und glücklicher, als ich wieder begann, Fleisch und Fisch zu essen. Haben Sie bitte keine Schuldgefühle, weil Sie essen, wie Sie essen. Es liegt ganz allein bei Ihnen. Wenn dieses Thema Sie interessiert, ermutige ich Sie, sich etwas darüber anzulesen, die »Fakten« zu hinterfragen und auf Ihren Körper zu hören.

Je mehr ich über Nahrungsmittel und Umwelt lese, desto mehr gelange ich zu der Überzeugung, dass der Schwerpunkt auf der Gesundheit unserer Böden liegen sollte, damit wir ohne Chemie nahrhafte Lebensmittel produzieren können. Das Problem sind nicht die Tiere. Das Problem ist die Art und Weise, wie diese in der konventionellen Landwirtschaft gehalten werden. Ich könnte stundenlang darüber sprechen, an dieser Stelle sage ich aber einfach: Hören Sie auf sich und tun Sie, was für Ihren Körper, Ihr Budget und Ihr Wohlbefinden das Richtige ist.

DU MUSST MINIMALIST SEIN

Ein verbreiteter Mythos ist, dass man nur als Minimalist müllfrei leben kann. Natürlich ist Zero Waste ein Lebensentwurf, bei dem Sie darüber nachdenken, was und wie viel Sie in Ihr Leben lassen. Aber Minimalismus ist keine Grundvoraussetzung. Viele umgeben sich gerne mit Dingen, die sie mögen. Es wird erst dann zum Problem, wenn es zu viel wird und wir nicht mehr wertschätzen, was uns einst Freude bereitete. Noch schlimmer wird es, wenn wir irgendetwas kaufen, um emotionale Lücken zu füllen, Unzufriedenheit zu unterdrücken oder einfach nur aus Langeweile.

In den sozialen Medien finden sich viele Bilder cooler minimalistisch eingerichteter Zero-Waste-Wohnungen. Aber tun Sie nur, was für Sie funktioniert. Ich habe anfangs mit dem Reduzieren etwas übertrieben und mich dann geärgert, dass ich zum Kochen nur noch einen einzigen Holzlöffel hatte!

DU BESITZT NUR GEBRAUCHTES

Menschen, die müllfrei leben, kaufen meist gebrauchte Sachen. Ich tue das auch, glaube jedoch, dass dies nicht für alle eine realistische Option ist. Meiner Meinung nach ist nichts Falsches daran, Neuwaren zu kaufen, solange es ein überlegter Kauf ist, das Produkt von einem umweltbewussten Hersteller stammt und am Ende seiner Lebensdauer leicht repariert oder recycelt werden kann. Das wahre Problem sind die Flüchtigkeit unserer Einkäufe und die Menge an Neuwaren, die wir kaufen. Fast Fashion beispielsweise ermutigt uns, fast jede Woche ein neues Outfit zu kaufen. Oft besteht die Kleidung aus billigen, synthetischen Stoffen, die sowohl während der Herstellung als auch nach dem Wegwerfen umweltschädlich sind. Fast Fashion ist leider so erschwinglich, dass es für die meisten einfacher ist, Ersatz zu kaufen, als die Dinge zu reparieren, die sie bereits besitzen. In diesem Tempo weiter einzukaufen, ist nicht nachhaltig, auch wenn wir gebrauchte oder umweltbewusste Artikel kaufen. Ein Schrank voller Kleidung, die nicht getragen wird, ist – auch wenn sie aus Bio-Baumwolle gemacht wurde – immer noch Verschwendung wertvoller Ressourcen.

Reduzieren ist wichtig, und das gilt auch für die Häufigkeit von Einkäufen. Wenn Sie neu kaufen, kaufen Sie auf lange Sicht. Mein Toaster ist das perfekte Beispiel. Er wurde in Großbritannien hergestellt (und trägt sogar den Namen des Monteurs auf der Unterseite – danke, Liam!). Er ist einer der haltbarsten Toaster auf dem Markt. Sollte er eines Tages nicht mehr funktionieren, landet er nicht, wie die meisten anderen kaputten Toaster, auf der Müllkippe, sondern kann leicht repariert werden. Wir haben ihn neu gekauft, und ich bereue es nicht. Bitte fühlen Sie sich beim Kauf von Neuware nicht schuldig! Versuchen Sie stattdessen zu überlegen, ob Sie den Gegenstand überhaupt wirklich brauchen, woraus er besteht, wer ihn hergestellt hat und wo er am Ende landen wird.

DEIN LEBEN IST EIN EINZIGER KOMPROMISS

Ein anderes Vorurteil über ein müllfreies Leben ist, dass es sich um einen großen Kompromiss handeln soll. Indem wir uns der überwältigenden Auswahl, die das moderne Leben bietet, berauben, sollen wir es irgendwie verpassen. Ich habe allerdings nicht das Gefühl, dass mir etwas fehlt, seitdem ich mein Leben auf diese Art führe. Vielmehr habe ich sehr viel Wissen, Erfahrungen, Fähigkeiten und Selbstvertrauen dazugewonnen. Mit weniger leben bedeutet mehr leben.

DU WIRST ZUM PACKESEL

Schließlich gehen viele davon aus, dass ich immer eine riesige Tüte mit allen möglichen Mehrwegbehältern für diese Nur-für-den-Fall-Szenarien mit mir herumtragen muss. Ich habe auch Beiträge in den sozialen Netzwerken gesehen, in denen die alltägliche Zero-Waste-Ausrüstung, die man immer dabei haben sollte, vorgestellt wurde. Sie bestand aus einer Wasserflasche, einer Kaffeetasse, Stoffbeuteln, Taschentüchern, wiederverwendbaren Strohhalmen, Metallgöffel (Kombi aus Gabel und Löffel) oder Bambusbesteck, um nur einiges zu nennen. In Wahrheit habe ich meist nur ein paar Stoffbeutel (ideal, um unterwegs ein Croissant mitzunehmen, spontan einen Großeinkauf zu tätigen oder sie als Serviette zu verwenden) und eine wiederverwendbare Wasserflasche in der Tasche. Mehr nicht.

Ich nehme die Dinge gerne, wie sie kommen. Und wenn ich mal nichts zum Einpacken dabei habe, muss ich eben kreativ sein. Einmal habe ich meine Wasserflasche benutzt, um Wurst beim Metzger zu kaufen. Ich hatte das Haus in Eile verlassen und erst später gemerkt, dass ich etwas zum Abendessen kaufen musste. Dem Metzger gefiel die Herausforderung, acht Würste in meine leere Wasserflasche zu quetschen und er begann, frei nach »Message in a Bottle« (von der Rockband Police), »Wurst in der Flasche« zu singen, als ich ihm dankte und mich verabschiedete. Tun Sie also einfach Ihr Bestes und haben Sie keine Scheu, Neues auszuprobieren. Es ist nicht nur lohnend, sondern kann auch für wunderbaren Gesprächsstoff sorgen. Ich denke, der Metzger redet bis heute von seiner Wurst-in-die-Flasche-Challenge.

6-WOCHEN-PLAN

In diesem Kapitel stelle ich Ihnen jede Woche neue Aufgaben für Ihre Reise in ein müllfreies Leben vor. Wenn in einer Woche zu viel zu tun ist (oder nicht genug!), können Sie natürlich in einem für Sie passenden Tempo vorgehen. Dies ist kein Wettrennen, und es geht nicht nur darum, so wenig Müll zu erzeugen, dass es in ein Viertelliterglas passt (obwohl dies natürlich passieren kann). Ich wünsche mir, dass Sie langfristig und nachhaltig das ändern, was Ihnen möglich ist und zu Ihrem Lebensstil passt, sodass es sich irgendwann ganz normal für Sie anfühlt.

Legen Sie es nicht auf Perfektion an, sondern tun Sie das, was Sie können. Selbst wenn Sie nur einige der Änderungen umsetzen – es sind in jedem Fall positive Maßnahmen, die sich im Laufe der Zeit vertiefen werden. Los geht's !

WOCHE 1

SIMPLES, MÜLLEIMER & ABLEHNEN

Als ich meine Reise in ein Leben ohne Müll antrat, sortierte ich fälschlicherweise ALLES aus, nur um später festzustellen, dass es einige Dinge gab, die ich noch brauchte, und ich wünschte, ich hätte sie nicht weggegeben. Außerdem können Zeit und Energie, die zum Entrümpeln als erstem Schritt benötigt werden, so überwältigend erscheinen, dass viele Menschen sofort abgeschreckt sind. Doch es ist gar nicht nötig, ein Minimalist zu sein, um diesem Lebensstil zu folgen.

Konzentrieren Sie sich auf die einfachen Dinge, um erst einmal Vertrauen in ein minimiertes Abfallsystem aufzubauen, neue Gewohnheiten zu üben und Geschäfte und Dienstleister in der Nähe zu suchen, die lose Waren und Nachfüllprodukte anbieten. Sie müssen in Ihrer ersten Woche nicht jede Schublade und jeden Schrank leeren.

DIE EINFACHEN DINGE ZUERST

VORÜBERLEGUNGEN

Setzen Sie sich an den Computer und überlegen Sie, welche einfachen Maßnahmen Sie in Angriff nehmen könnten. Einmal etabliert, sind sie schon fast erledigt. Sehen Sie es als eine Gelegenheit, Ihr zukünftiges Ich von Müll und dem lästigen Umgang damit zu befreien. Nehmen Sie sich etwas Zeit und denken Sie darüber nach, was Sie in einer Stunde von Ihrem Computer aus erreichen können. Schreiben Sie eine Liste, die Sie im weiteren Verlauf abarbeiten können.

DAS IST ZU TUN

Die folgenden Anregungen mögen nach kleinen, unbedeutenden Änderungen aussehen, aber sie summieren sich. Mein Bruder beispiels-weise hat kürzlich begonnen, sich in Papier eingewickeltes, baumfreies Toilettenpapier liefern zu lassen, die Lebensmittelabfallsammlung seiner Gemeinde zu nutzen und mit wiederverwendbaren Metallbehältern bei seinem Metzger einzukaufen. Er füllt nun keine drei Müllbeutel mehr pro Woche, sondern nur noch einen. Dabei waren das die einzigen Änderungen, die er vorgenommen hat.

BEVOR SIE BEGINNEN

Kündigen Sie Zeitschriftenabonnements. Ich habe eh selten Zeit, all die Magazine zu lesen, und kann es im Übrigen auch online tun. Kündigen Sie einfach die monatliche Zahlung.

Wechseln Sie zu einem grünen Energieversorger. Auf den ersten Blick scheint dies keine Maßnahme zur Müllvermeidung zu sein, da Sie zu Hause nichts davon bemerken. Aber die Gesamtwirkung ist enorm.

Melden Sie sich bei Ihrer örtlichen Leih-Bibliothek an und nutzen Bücher, Zeitschriften, Zeitungen, CDs, DVDs und vieles mehr gemeinsam mit anderen.

Melden Sie sich bei einem Musik- und Video-Streamingdienst an. So ersetzen Sie CDs und DVDs.

Bestellen Sie Telefonbücher und Kataloge ab.

Wechseln Sie zu papierlosen Kontoauszügen und Rechnungen.

Einfache erste Schritte

1 **Lassen Sie sich Milch in wiederverwendbaren Glasflaschen liefern.**
Ich lasse das Leergut jede Woche abholen, damit es gereinigt und wieder-
verwendet wird. Gibt es bei Ihnen einen solchen Service nicht, entscheiden
Sie sich dennoch für Glasflaschen. Diese sind in der Regel Pfandflaschen,
und Sie können sie geleert und ausgespült ins Geschäft zurückbringen. Wenn
Sie Milch auf pflanzlicher Basis bevorzugen, können Sie diese aus Nüssen,
Mandeln oder Hafer selbst herstellen. Prüfen Sie jedoch zunächst, ob es
einen lokalen Dienstleister gibt, der in Mehrweg-Glasflaschen liefert.

2 **Schließen Sie ein Abo für baumfreies Toilettenpapier ab.**
Jede Rolle ist in leicht zu recycelndes Papier eingewickelt. Manche Hersteller
liefern die Rollen auch einfach ohne einzelne Verpackung in einem großen
Karton (siehe Service ab Seite 214).

3 **Ergreifen Sie Maßnahmen zur Reduzierung von Werbepost.**
(siehe Seite 46)

4 **Nutzen Sie örtliche Sammelstellen für Lebensmittelreste.**
Abonnieren Sie bei Bedarf einen Abholservice, sofern es einen für Ihr Wohn-
gebiet gibt. Bringen Sie in Erfahrung, welche Kompostierungsmöglichkeiten
Ihre Gemeinde anbietet. Einige stellen subventionierte Wurmkomposter zur
Verfügung. Wenn Sie zu Hause kompostieren und Abfälle von Leuten, die
dazu nicht die Möglichkeit haben, annehmen können, lassen Sie sich auf
einer Seite für Kompost-Sharing listen (siehe Service ab Seite 214).

SO REDUZIEREN SIE WERBEPOST

Unerwünschte Flyer und Werbeartikel sind eine enorme Materialverschwendung, und ich finde sie äußerst ärgerlich, vor allem, da ich mich bewusst bemühe, unnötigen Müll zu vermeiden. Einmal war ich wirklich schockiert, als ich einen in Plastik verpackten »umweltfreundlichen« Fleckenentferner im Briefkasten fand.

Abhängig von Ihrem Wohnort müssen Sie möglicherweise ein wenig nachforschen, wie Sie Ihren Namen am besten aus automatischem Postversand entfernen. Dies sind die Schritte, die ich unternommen habe, um Werbepost zu reduzieren:

• Platzieren Sie ein Schild mit der Aufschrift »Keine Werbung und kostenlosen Zeitungen« gut sichtbar an Ihrem Briefkasten. Dies ist zwar nicht idiotensicher, und nicht wenige ignorieren Ihre Bitte immer noch, aber es kann helfen, die Werbung zu verringern, die bei Ihnen ankommt.

• Lassen Sie Ihre personenbezogenen Daten von Marketinglisten aller Art streichen.

• Schreiben Sie »Zurück zum Absender« auf die Umschläge unerwünschter Sendungen und werfen Sie sie in einen Briefkasten. Wenden Sie sich direkt an die Unternehmen und fordern Sie die Entfernung Ihrer Daten aus der Kundendatei.

• Entfernen Sie Ihre Daten aus allen offenen Registern, also aus Listen von Personen und Adressen, die von Marketingunternehmen gekauft und zum Versenden von Werbung verwendet werden können.

• Wenn Sie sich für einen Newsletter anmelden oder ein Produkt oder eine Dienstleistung im Internet kaufen, müssen Sie IMMER das Kontrollkästchen für Werbung deaktivieren. Denn darin steht in etwa: »Ich gebe die Erlaubnis, dass meine Daten an Dritte weitergegeben werden, um mich zu kontaktieren.«

DA GEHT NOCH WAS!

Wenn Sie die meisten der zuvor genannten Vorschläge umgesetzt haben, werfen Sie einen Blick auf den Müll, der noch übrig ist – ist es möglich, diesen auch noch zu reduzieren? Solange Sie allerdings nicht vollkommen autark leben, wird es Ihnen wohl nicht gelingen, komplett ohne Müll auszukommen.

· Beginnen Sie, Ihren Müll zu sammeln.
Sammeln Sie Ihren Müll von einer Woche oder einem Monat – je nachdem, wie weit Sie schon gekommen sind – in einem Behälter (am besten einem Glas). Dies gilt natürlich nicht für Speisereste!

· Erstellen Sie eine Liste von dem, was Sie noch wegwerfen.
Konzentrieren Sie sich dabei auf die Dinge, für die Sie Alternativen finden, die Sie recyceln oder auf die Sie verzichten könnten. Denken Sie daran, dass es hier nicht um exakt »null« Müll geht. Wenn es keine Alternative gibt, ist das in Ordnung.

· Handeln Sie – und schauen Sie über den Tellerrand.
Oft gibt es eine wiederverwendbare Alternative, von der Sie vielleicht noch nichts wissen. Wenn Sie bisher Einwegkaffeekapseln benutzt haben, sollten Sie sich eine wiederverwendbare Kapsel aus Metall zulegen und sie mit Ihrem Lieblingskaffee füllen. Nutzen Sie auch Ihr Netzwerk aus Freunden und Familie – vielleicht hat jemand ein Kompostsystem, das Sie mitbenutzen können?

- **Kontaktieren Sie alle Firmen, die Ihre Ware verpacken.**
Haben Sie bei einer Lieferung unerwünschte Verpackungen erhalten, schlagen Sie dem Unternehmen verantwortungsvolle Änderungen vor (Tipps zum Formulieren eines Schreibens siehe Seite 138).

- **Informieren Sie den Hersteller, wenn die Ware kaputt ist.**
Ist ein Artikel, den Sie besitzen, defekt und kann nicht repariert werden, wenden Sie sich an den Hersteller und teilen Sie ihm mit, dass Sie von seinem Produkt enttäuscht sind.

- **Bitten Sie einen Händler vor Ort, unverpackte Waren und Nachfüllprodukte ins Sortiment aufzunehmen.**
Dies könnte eine Lösung sein, wenn Sie Schwierigkeiten haben, einen bestimmten Artikel unverpackt zu finden. Manchmal kann der Händler ihn auch direkt für Sie bestellen.

- **Reparieren Sie alles, was auf eine lange Nutzungsdauer ausgelegt ist.**
Ob Sie ein Loch im Futter Ihres Mantels stopfen, die Sohlen Ihrer Schuhe ersetzen oder den defekten Touchscreen Ihres Smartphones oder Tablets reparieren lassen – suchen Sie sich Dienstleister, die in der Lage sind, Ihre Gebrauchs- gegenstände wieder instand zu setzen (siehe Service ab Seite 214).

BESTANDSAUFNAHME

Ich versuche, jedes Jahr anlässlich des sogenannten »Plastikfreien Julis« eine Bestandsaufnahme zu machen. Es ist eine gute Möglichkeit, vielleicht noch ein bisschen mehr zu tun. Manchmal gibt es auch neue Dienstleistungen oder Produkte, von denen wir bisher dachten, dass sie in unserer Region nicht verfügbar sind. Es geht schließlich nicht nur um Plastikmüll, sondern um Verpackungen aller Art.

Das war mein »Plastikfreier Juli«:

• Recyclingsäcke. Als ich bemerkte, dass die Recyclingtüten unseres Wertstoff-Abholsystems aus Kunststoff waren, habe ich alle bereitgestellten Recyclingsäcke zurückgegeben (an der Abgabestelle im Rathaus) und beschlossen, alle Wertstoffe in einem Mehrwegbeutel zu sammeln und sie einfach einmal im Monat zu einem öffentlichen Wertstoffcontainer zu bringen.

• Rasierschaum. Als ich bemerkte, dass der Rasierschaum meines Mannes sich in einer Kunststoffverpackung befindet, habe ich eine gute Rasierseife in Papier gesucht und gefunden. Er benutzt sie wirklich gern (und sie hält auch viel länger).

• Kronkorken. Als ich bemerkte, dass die Kronkorken auf Bierflaschen mit Kunststoff ausgekleidet waren, habe ich mich erfolgreich auf die Suche nach einem Geschäft gemacht, das Bier zum Nachfüllen anbietet.

• Wiederverwendbare Tücher. Als ich bemerkte, dass die wiederverwendbaren Tücher, mit denen ich putzte, aus Kunststoffmikrofasern bestanden, habe ich sie zum Recyceln gegeben und durch wiederverwendbare Tücher aus biologisch abbaubarer Zellulose auf pflanzlicher Basis ersetzt, die ich kompostieren kann.

• Flaschen. Als ich bemerkte, dass die Glasflasche des Tafelessigs, mit dem ich putze, einen Plastikdeckel hatte, der in meiner Nähe nicht recycelt wird, habe ich meinen Unverpackt-Laden darum gebeten, Tafelessig zum Nachfüllen anzubieten … und sie haben es getan! Ich habe die Plastikdeckel aufbewahrt, um sie dann zu einer Verwandten zu bringen, wo sie vom Wertstoff-Abholsystem recycelt oder für wohltätige Zwecke gesammelt werden.

ABFALLSYSTEM

VORÜBERLEGUNGEN

Die meisten von uns haben einen Abfalleimer in der Küche, einen im Badezimmer und wahrscheinlich auch einen in jedem Schlafzimmer. Sie alle auszuleeren, erfordert Zeit. Wenn wir es richtig machen möchten, müssen wir potenzielle Wertstoffe herausfischen. Das ist wirklich ineffizient und auch keine schöne Aufgabe! Schließlich können recycelbare Wertstoffe mit Lebensmittelresten, Kosmetikprodukten oder kompostierbaren Abfällen verschmutzt und somit nicht mehr recycelbar werden.

Wenn wir die Mülleimer aus allen Räumen bis auf einen entfernen, werden wir uns angewöhnen, mit leeren Produktverpackungen sofort auf die richtige Weise umzugehen. Wir können die leere Duschgelflasche nicht mehr zusammen mit gebrauchten Kosmetiktüchern, Haaren, Hygieneartikeln und Toilettenpapierrollen in einen kleinen Badezimmerbehälter werfen. Sie muss jetzt direkt in den Recycelbehälter in der Küche.

DAS IST ZU TUN

Ich finde es am einfachsten und effektivsten, wenn alle Mülleimer an einem Platz stehen. Ich entschied mich für die Küche, aber ein Flur oder ein Wirtschaftsraum sind natürlich genauso gut. Abhängig von Ihrem Wohnort unterscheiden sich die Bestimmungen, wie Recycelbares bereitgestellt werden muss. In manchen Gemeinden gibt es Behälter für alle Wertstoffe, während andere Glas, Papier/Pappe und Metall nur getrennt annehmen. Machen Sie sich mit den Bestimmungen Ihrer Gemeinde vertraut und bringen Sie in Erfahrung, in welchem Zustand die Wertstoffe sein müssen – gereinigt, zerdrückt, geschreddert?

Entscheiden Sie sich für das System, das am besten zu Ihnen passt. Im Wesentlich geht es dabei darum, die Anzahl der Abfalleimer zu reduzieren: Nur einer pro Müllart in nur einem Raum des Hauses.

BEVOR SIE BEGINNEN

Wählen Sie einen Raum im Haus, in dem sich alle Abfall-, Recycling- und Kompostbehälter befinden. Egal, wo im Haus Sie sich gerade befinden, alle Abfälle, Wertstoffe und Kompostiermittel werden direkt in den richtigen Abfalleimer in diesem Raum gebracht.

Einfache erste Schritte

1 Stellen Sie Wertstoffbehälter auf.

Suchen Sie sich einen Behälter (oder mehrere) für recycelbare Gegenstände, die von Ihrer Müllabfuhr nicht abgeholt werden. Sobald sie voll sind, müssen sie zur nächsten Recyclinganlage gebracht werden. Metallklingen von Rasiermessern, Aluminiumfolie und Metalldeckel von Glasgefäßen beispielsweise können technisch recycelt werden. Sie müssen zwar möglicherweise zu einem größeren Depot gebracht werden, aber allzu häufig wird das bei Ihnen in Zukunft ja nicht mehr nötig sein. Jedenfalls landen recycelbare Materialien so nicht auf der Mülldeponie oder in der Verbrennungsanlage.

2 Erziehen Sie Familie oder Mitbewohner.

Informieren Sie alle im Haushalt über das neue System und zeigen Sie ihnen, wie es funktioniert. Es mag zunächst nach zusätzlicher Anstrengung klingen, und es dauert eine Weile, bis sich alle daran gewöhnt haben. Aber Ihr zukünftiges Ich wird es Ihnen danken, weil Sie sich nun nicht mehr mit den Abfalleimern in allen Räumen beschäftigen und Ihre Familie/ Mitbewohner nicht mehr tadeln müssen, weil sie nicht recycelbare Wertstoffe nicht ordnungsgemäß entsorgt haben.

DA GEHT NOCH WAS!

Ist Ihr minimalistisches Abfallsystem bereits eingerichtet und Sie möchten nun auch noch den Restmüll reduzieren, können Sie für schwer zu recycelnde Gegenstände folgende Maßnahmen ergreifen.

- **Wenden Sie sich an Ihre Gemeinde.**
Bitten Sie um eine Lebensmittelabfallsammlung.

- **Informieren Sie sich über örtliche Recycling-Sammelstellen.**
Hier geht es vor allem um ausgefallenere Gegenstände wie Asthmainhalatoren, Stifte, Weinkorken, Glühbirnen, CDs usw.

- **Richten Sie ein Zero-Waste-Netzwerk für besonders schwer zu recycelnde Gegenstände ein.**
Nehmen Sie Freunde und Familie mit ins Boot, um die Kosten aufzuteilen (siehe Service ab Seite 214), oder bitten Sie ein Geschäft oder Ihren Arbeitgeber darum, einen entsprechenden Behälter aufzustellen. Ohrstöpsel, Kontaktlinsen, gebrauchter Kaugummi (ja, er enthält Plastik!) und sogar Zigarettenstummel sind Beispiele für Dinge, die (kostenpflichtig) gesammelt und recycelt werden können.

- **Kann etwas weiterverwendet werden?**
Anstatt etwas zu recyceln, könnte es an Freunde oder über Online-Tauschbörsen weitergegeben werden (siehe Service ab Seite 214). Man kann nie wissen, ob nicht gerade ein Künstler oder eine Schule für ein Projekt nach ein paar Gläsern oder alten CDs sucht.

EIN HINWEIS ZU MÜLLTÜTEN

Eine meiner ersten Enttäuschungen erlebte ich bei dem Versuch, plastikfreie Mülltüten zu finden. Zunächst habe ich biologisch abbaubare Tüten ausprobiert, später jedoch festgestellt, dass sie immer noch aus Kunststoff bestehen. Es wurde nur ein Enzym hinzugefügt, damit sie sich schneller zersetzen, aber aus Kunststoff sind sie immer noch. Wirklich kompostierbare Alternativen könnten zwar theoretisch biologisch abgebaut werden, werden jedoch in die Müllverbrennungsanlage oder auf Deponien verbracht, wo der Abbau wegen Sauerstoff- und Lichtmangels nur schwer funktionieren wird.

Wenn Sie alle Lebensmittelabfälle kompostieren können und somit nichts Feuchtes in den Abfalleimer werfen, können Sie ihn auch mit Zeitungspapier auslegen (siehe Seite 214 für einen Link zu einem Tutorial, in dem die Falttechnik erklärt wird). Bei mir fallen allerdings einige Lebensmittelabfälle an, die nicht in meinen Wurmkomposter dürfen, und meine Gemeinde bietet derzeit keine Abfuhr von Lebensmittelabfällen an. Mülltüten, die aus Maisstärke hergestellt werden und zu 100 Prozent biologisch abbau- und kompostierbar sind, sind für diese Fälle eine gute Alternative.

ABLEHNEN

VORÜBERLEGUNGEN

Erinnern Sie sich, wie Ihre Eltern Ihnen beigebracht haben, Nein zu Fremden zu sagen? Nun, ich möchte, dass Sie das sechsjährige Kind in Ihnen suchen und beginnen, Nein zu sagen, aber diesmal zum Müll. Dies ist eine der effektivsten Angewohnheiten für ein müllfreies Leben. Wenn wir Dinge ablehnen, die wir nicht wirklich brauchen oder wollen, fühlen wir uns vielleicht zuerst seltsam oder sogar ein bisschen unhöflich, aber jedes Mal, wenn wir einen Werbeartikel, ein unerwünschtes Geschenk, eine Plastiktüte oder einen Einwegstrohhalm ablehnen, sagen wir im Grunde: »Bitte produzieren Sie nicht mehr von diesem Artikel!« Es spart Ressourcen, wenn die Nachfrage nach und nach sinkt, und wir selbst müssen in Zukunft weniger aufräumen. Versuchen Sie, einfach alles abzulehnen, es sei denn Sie wollen oder benötigen es wirklich, wirklich, wirklich.

DAS IST ZU TUN

Ablehnen ist eine Gewohnheit, die mit der Zeit leichter wird, und Sie können schon heute beginnen, sobald Sie das Haus verlassen! Versuchen Sie, mögliche Situationen vorauszusehen und ein wenig vorauszuplanen. Aber machen Sie sich keine Vorwürfe, wenn Sie mal nicht dran denken und am Ende mit einem Einwegprodukt dastehen. Es ist ein Lernprozess, und Sie werden sich wahrscheinlich beim nächsten Mal daran erinnern. Wenn beispielsweise ein Kellner den Tisch mit einer Papierserviette deckt, können Sie sagen: »Wissen Sie was? Ich werde die Serviette nicht benutzen, Sie können sie für jemand anderen verwenden, wenn Sie möchten.« Fragen Sie sich bei allem, ob Sie es wirklich brauchen. Auch wenn etwas nicht aus Plastik ist, wäre es unnötig, wenn sie es eigentlich gar nicht benötigen.

BEVOR SIE BEGINNEN

Üben Sie, Nein zu sagen, ohne dabei unhöflich oder umständlich zu wirken. Probieren Sie verschiedene Arten der Ablehnung aus und finden Sie eine, die zu Ihrer Persönlichkeit passt. Wenn ich kann, versuche ich es immer auf humorvolle Weise. »Mir geht's gut, danke, ich rette den Planeten, und Plastiktüten gehören nicht dazu« funktioniert für mich ebenso gut wie ein einfaches »Nein, ich brauche nichts, danke«. Ich möchte nur darauf hinweisen, dass viele Menschen sich unseres Müllproblems immer noch nicht bewusst sind, und es wird als unhöflich empfunden, sie anzuschreien, nur weil sie Ihnen etwas anbieten. Seien Sie nett, denken Sie daran, dass auch sie nur ihren Job machen. Wenn Ihr Gegenüber interessiert erscheint oder weiterhin darauf besteht, Ihnen etwas zu geben, können Sie ein wenig weiter ausholen: dass Sie versuchen, mit weniger auszukommen und die Menge an Abfall und Unordnung zu Hause reduzieren möchten, dass Sie gegen Plastik sind oder den Planeten retten möchten – was auch immer sich als Erklärung für Sie gerade gut anfühlt.

Einfache erste Schritte

1 Kassenbons

Viele Kassenbons enthalten Bisphenol A und können nicht recycelt werden. Manche Geschäfte können Belege auch mailen, wenn Sie wirklich einen benötigen.[8]

2 Strohhalme

Sagen Sie direkt bei der Bestellung, dass Sie keinen Strohhalm für Ihr Getränk benötigen.

3 Einweg-Kaffeebecher

Trinken Sie Ihren Kaffee einfach im Lokal, wenn Sie keinen wiederverwendbaren Becher dabeihaben.

4 Plastiktüten

Nehmen Sie Ihre eigenen Beutel mit.

5 Gratis-Essensproben ablehnen

Sie werden normalerweise in Einweg-Plastik-Geschirr angeboten.

6 Flyer und Prospekte

Ablehnen – Sie benötigen sie nicht.

7 Visitenkarten

Machen Sie ein Foto von der Karte!

8 Krempel von anderen

Wenn Freunde oder Familienmitglieder Ihnen etwas anbieten, nehmen Sie es nur, wenn Sie es tatsächlich haben möchten oder brauchen.

9 Obst- und Gemüsetüten

Kaufen Sie alles lose!

10 Papierservietten

Nehmen Sie den Ärmel – war nur ein Scherz! Haben Sie eine Stoffserviette dabei und geben Sie die unbenutzte Papierserviette zurück.

DA GEHT NOCH WAS!

Wenn auf Ihrem T-Shirt bereits »Nein, danke« steht und es ein natürlicher Instinkt geworden ist, Unnötiges abzulehnen, sollten Sie andere Bereiche in Betracht ziehen, in denen Sie sich ebenfalls im Ablehnen üben können. Allerdings nur, wenn es angemessen ist.

• Geschenke oder Geschenktüten von Events.
Verlockend, ich weiß, aber sie enthalten selten etwas wirklich Lohnenswertes.

• Kostenlose Muster bei einer Onlinebestellung.
Sie sind oft in nicht recycelbaren Plastikbeuteln verpackt. Wenn Sie sie bei der Bestellung nicht ablehnen können, senden Sie eine E-Mail, in der Sie klarstellen, dass Sie keine Muster angefordert hatten.

• Verweigern Sie die Unterstützung von Einzelhändlern, Restaurants oder anderen Einrichtungen, die zu viel Müll erzeugen.
Setzen Sie sich stattdessen für diejenigen ein, die sich bemühen, wiederverwendbare Produkte anzubieten.

RECHERCHE

VORÜBERLEGUNGEN

Manchmal wissen wir gar nicht, was es in unserer Nähe alles gibt. Erst wenn wir aktiv nach verpackungsfreien Alternativen suchen, sehen wir sie plötzlich an jeder Ecke. Überall auf der Welt eröffnen neue Zero-Waste-Läden, die sich sehen lassen können, aber wir finden auch unverpackte oder nachfüllbare Waren in Feinkostgeschäften, kleinen Lebensmittelläden, Metzgereien, auf Bauernmärkten und in Reformhäusern – und sogar in Supermärkten. Also kein Grund, entmutigt zu sein, wenn es in Ihrer Nähe keinen Unverpackt-Laden gibt.

DAS IST ZU TUN

Bei dieser Aufgabe geht es darum herauszufinden, was für Sie erreichbar ist. Was steht Ihnen unverpackt oder nachfüllbar sowohl vor Ort als auch online zur Verfügung? Ich freute mich, als ich nach einer kurzen Recherche im Internet feststellte, dass es nur zehn Minuten zu Fuß entfernt einen Bio-Gemüsehändler, einen Metzger und einen Käseladen, die alle lose Produkte verkaufen, unter einem Dach gab. Ich entdeckte auch andere Läden, in denen ich Wein und Bier nachfüllen kann und die ich vorher noch nie bemerkt hatte.

BEVOR SIE BEGINNEN

Gehen Sie auf Erkundungstour. Suchen Sie nach Bäckereien, Feinkost-geschäften oder Supermärkten, in denen Sie unverpackt einkaufen können, und machen Sie sich Notizen oder Fotos von den Produkten, die lose angeboten werden.

Einfache erste Schritte

1 Machen Sie sich eine Liste, was wo erhältlich ist.

Widerstehen Sie der Versuchung, bereits im Vorfeld zu erfragen, ob Sie Ihre eigenen Behälter mitbringen dürfen. Je später der Verkäufer es erfährt, desto wahrscheinlicher ist es, dass er Ihre Dose auffüllt. Wenn Sie Ihren Behälter mit der Bitte, die Oliven direkt hineinzulegen, direkt über die Theke reichen, hat der andere gar keine Zeit, es abzulehnen oder zu überdenken. Es gibt einige gute Webseiten, über die Sie Unverpackt-Läden in Ihrer Nähe finden können (siehe Service ab Seite 214).

2 Bestellen Sie im Internet.

Wenn Sie in Ihrer Nachbarschaft nicht fündig werden oder es lieber ganz bequem haben, steht Ihnen mittlerweile eine Reihe von Online-Lieferdiensten für Trockenwaren zur Verfügung (siehe Service ab Seite 214). Für Lebensmittel wie z. B. Hafer, Reis, Mehl, Trockenfrüchte und Nüsse ist dies eine großartige Möglichkeit, nachhaltige Unternehmen zu unterstützen. Oft werden diese Waren sogar klimaneutral und nur minimal verpackt versandt. Sie brauchen allerdings genügend Platz zu Hause, um die Großgebinde lagern zu können.

3 Suchen Sie nach Zero-Waste-Produkten.

Kaufen Sie abfallfreie Körperpflege- und Kosmetikprodukte online (siehe Service ab Seite 214) oder prüfen Sie, ob es ein Geschäft oder einen Markt in Ihrer Nähe gibt, in dem Nachfüllpackungen oder Produkte in Mehrweg- oder Recyclingverpackungen verkauft werden.

DA GEHT NOCH WAS!

Es gibt immer etwas Neues zu entdecken, und die Welt des Zero Waste verändert sich rasant. Möglicherweise gibt es morgen einen neuen Service oder ein neues Produkt, die es zuvor nicht gab. Nehmen Sie sich die Zeit, um auf dem Laufenden zu bleiben.

• Recherchieren Sie erneut.
Nehmen Sie sich ein Produkt oder eine Dienstleistung vor, für die Sie bisher noch keine müllfreie Alternative gefunden haben, und schauen Sie noch einmal nach. Gibt es vielleicht inzwischen einen neuen Unverpackt-Laden in Ihrer Nähe oder einen plastikfreien Lieferservice?

• Teilen Sie Ihre Entdeckungen mit anderen.
Dies kann über Freunde und Familie oder über Mitglieder der Zero-Waste-Community bzw. über soziale Netzwerke erfolgen.

• Suchen Sie nach einer Meetup-Gruppe in Ihrer Nähe.
Wenn Sie gerne andere treffen würden, die sich für Zero Waste interessieren, ist dies eine großartige Möglichkeit, Ideen und Anregungen auszutauschen.

• Suchen Sie Dienstleister vor Ort.
Gibt es einen Schuster? Eine Änderungsschneiderei? Vielleicht auch jemanden, der elektronische Geräte repariert?

DIE ZERO-WASTE- AUSRÜSTUNG

Es ist keine schlechte Idee, sich ein bisschen vorzubereiten und aus-zurüsten, bevor Sie loslegen und beispielsweise Lebensmittel ohne Verpackung einkaufen gehen. Zuerst wird es sich vielleicht seltsam und ein wenig unangenehm anfühlen, aber je mehr ich übte, desto sicherer fühlte ich mich. Zumal die Reaktionen oft sehr positiv waren.

In dieser Woche geht es darum zu überlegen, welche Behälter, Trans-portgefäße und weitere wiederverwendbare Produkte Ihnen auf Ihrem Zero-Waste-Weg helfen. Nehmen Sie sie mit zum Einkaufen und in Ihren Alltag und testen Sie sie. Beginnen Sie mit dem, was sich einfach und bequem für Sie anfühlt. Und haben Sie keine Angst vor Misserfolgen – daraus können Sie nur lernen.

DIE AUSRÜSTUNG

VORÜBERLEGUNGEN

Ich habe festgestellt, dass die Investition in einige sinnvolle Mehrweg-
produkte als Ersatz für gängige Einwegartikel wirklich dazu beigetragen
hat, mein neues Leben ohne Müll in Gang zu bringen, und den gesamten
Prozess erheblich vereinfacht hat. Wenn Sie bereits geeignete Gegenstände zu Hause haben und Sie damit zufrieden sind, sollten Sie es
natürlich zuerst damit versuchen – Sie müssen nicht immer etwas
Neues kaufen. Aber Sie brauchen auch kein schlechtes Gewissen zu
haben, wenn Sie ein neues, wiederverwendbares Produkt kaufen, insbesondere, wenn dies Ihnen hilft, den Müll langfristig zu reduzieren. Es gibt
für fast alles eine wiederverwendbare oder kompostierbare Alternative –
investieren Sie in die Dinge, die Ihnen den meisten Nutzen bringen.

DAS IST ZU TUN

Entscheiden Sie, was Sie für Ihren Lebensstil benötigen, und suchen Sie nach kunststofffreien Möglichkeiten. Auf den folgenden Seiten habe ich die wiederverwendbaren Alternativen, die sich für mich als nützlich erwiesen haben, aufgelistet. Einige von ihnen waren mit einigen Vorlaufkosten verbunden, doch nach fünfjähriger Nutzung kann ich ehrlich sagen, dass sich jede der Investitionen gelohnt hat.

Die genannten Gegenstände erheben keinen Anspruch auf Vollständigkeit und sollen Ihnen als Inspiration dienen. Ich möchte damit nicht sagen, dass Sie jetzt loslaufen und alles kaufen sollten. An diesem Punkt ist man oft übermotiviert und kauft viel zu viele Zero-Waste-Gegenstände. Ich habe das am Anfang gemacht und später festgestellt, dass ich einen faltbaren Metallgöffel (Kombi aus Gabel und Löffel) oder wiederverwendbare Strohhalme eigentlich gar nicht brauchte – ein Löffel aus meiner Küchenschublade und gar keine Strohhalme wären eigentlich die weitaus besseren Ideen gewesen.

BEVOR SIE BEGINNEN

• Erstellen Sie eine Liste der Mehrwegbehälter, die Sie für nötig halten. Schauen Sie sich an, welche Lebensmittel Sie wöchentlich kaufen und welche Behälter Ihnen dabei helfen würden, diese Artikel ohne Verpackung zu kaufen. Achten Sie auf das, was Sie regelmäßig entsorgen: To-go-Kaffeebecher, Wasserflaschen, Teebeutel, Abschminkpads, Plastikverpackungen von Lebensmitteln usw.

• Prüfen Sie, was Sie bereits besitzen, bevor Sie neue Gefäße, Stoffbeutel oder Gläser kaufen. Fragen Sie Freunde und Familienangehörige, ob sie etwas haben, das Sie vielleicht gebrauchen könnten. Können Sie aus einem alten Hemd Ihre eigenen Stoffbeutel nähen? Haben Sie noch alte Schraubgläser, die Sie verwenden können, bevor Sie neue kaufen?

• Kaufen Sie zuerst die Produkte, die Sie am häufigsten verwenden, gefolgt von denen, mit denen Sie wahrscheinlich Geld sparen. Die meisten Kaffeeläden geben Ihnen einen Rabatt, wenn Sie Ihren eigenen Becher mitbringen. Auch Mehrweg-Hygieneartikel machen sich innerhalb weniger Monate bezahlt. Sie kaufen täglich Wasser? Dann ist es Zeit, eine wiederverwendbare Trinkflasche anzuschaffen und die täglich gesparten Cents zu sammeln (siehe Service ab Seite 214).

• Überlegen Sie vor jedem Kauf sorgfältig: Ist der wiederverwendbare Artikel etwas, das Sie wirklich brauchen? Wäre es nicht eher die nachhaltigste (und günstigste!) Lösung, ihn gar nicht erst zu kaufen?

Einfache erste Schritte

1 Investieren Sie in eine wiederverwendbare Trinkflasche.

Sie ist ideal, wenn Sie unterwegs etwas trinken möchten – meine ist aus Edelstahl.

2 Nehmen Sie wiederverwendbare Stoffbeutel mit.

Ich verlasse nie das Haus ohne ein oder zwei Beutel in meiner Tasche. Lust auf ein Croissant? Sie haben etwas Unverpacktes entdeckt, das Sie kaufen möchten? Ziehen Sie einfach den Stoffbeutel hervor und füllen Sie ihn! Ich sage dann immer: »Ich packe es gleich hier ein und brauche keine weitere Verpackung, danke.«

3 Sammeln Sie gebrauchte Schraubgläser.

Sie eignen sich perfekt für den Kauf von Feinkost und zur Aufbewahrung von Lebensmitteln zu Hause. Ich bevorzuge die Bügelgläser mit Natur- kautschukdichtung und habe die meisten gebraucht erstanden. Aber im Grunde ist jedes beliebige Schraubglas ebenso gut geeignet. Schauen Sie, was Sie bereits zu Hause haben, oder fragen Sie Freunde.

FÜR UNTERWEGS

Unsere Gewohnheiten unterwegs verursachen viel Müll: Zwischendurch eine Flasche Wasser und ein Kaffee to go, verpackte Sandwiches zum Mittagessen und Plastiktüten für jeden Einkauf. Sobald wir uns aber daran gewöhnt haben, mit der richtigen Mehrweg-Ausstattung unterwegs zu sein, können wir leicht unnötigen Abfall vermeiden. Diese Dinge sind für mich unterwegs unverzichtbar:

Wiederverwendbare Trinkflasche.

Wiederverwendbarer Kaffeebecher. Ich trinke unterwegs gerne ein heißes Getränk, also habe ich ihn immer dabei. Er eignet sich auch, um Essensreste aufzubewahren, wenn ich auswärts esse.

Wiederverwendbare Stoffbeutel. Sie können Ihre Beutel aus Stoffresten selbst nähen oder einfach welche kaufen. Ich habe mehrere Stoffbeutel in verschiedenen Größen. Wiegen Sie sie im leeren Zustand und schreiben Sie das Gewicht auf die Tasche, damit es an der Kasse abgezogen werden kann, wenn Sie etwas lose kaufen.

Große Einkaufstasche aus Stoff.

Stoffserviette. Ich habe fast immer eine in der Tasche. Ich wähle extra große, damit ich sie im Notfall in eine Stofftasche verwandeln kann.

Weitere Mehrweg-Gegenstände, die Ihnen nützlich sein können:

Mehrwegbesteck oder Göffel (Kombi aus Gabel und Löffel). Großartig, wenn man unterwegs etwas essen möchte, für das man Besteck benötigt.

Gut schließende Metall- oder Glasbehälter. Für das Essen unterwegs.

Metall-, Glas- oder Silikonstrohhalm. Falls Sie Ihre Getränke gerne mit Strohhalm trinken.

LEBENSMITTELEINKÄUFE

Einige Behältnisse verwende ich jede Woche, um frische Produkte und Fleisch zu kaufen. In andere fülle ich ungefähr einmal im Monat trockene Waren und Öl bzw. Essig nach.

3 luftdicht schließende Metallbehälter. Für den Kauf von Fleisch – in einen von ihnen sollte ein ganzes Huhn passen.

15–20 Stoffbeutel. In verschiedenen Größen, um Brot, lose Trockenware wie Reis, Hafer und Kaffeebohnen sowie weiche Produkte wie Tomaten und Pilze zu kaufen.

20 Schraubgläser. Ich verwende sie zum Kauf von Frischeprodukten und zum Lagern von Trockenware. Die Lebensmittel, die ich lose gekauft habe, fülle ich aus den Stoffbeuteln in die Gläser, um sie dort aufzubewahren. Manchmal nehme ich ein oder zwei Gläser mit, um unverpackte Erdnussbutter oder Honig zu kaufen.

2 große Einkaufstaschen. Eine benutze ich für die Fleischbehälter, die andere für den Rest.

Glasflaschen. Ich habe mehrere zum Nachfüllen von Öl, Wein, Essig oder Flüssigreinigern.

BADEZIMMER & KÖRPERPFLEGE

Es kann einige Zeit dauern, bis Sie herausgefunden haben, was Sie fürs Badezimmer benötigen. Nachfolgend finden Sie einige einfache Vorschläge für wiederverwendbare oder kunststofffreie Alternativen, die Sie ausprobieren können (siehe Service ab S. 214).

Zahnseidebehälter mit Zahnseidenachfüllungen. Alternativ können Sie auch Seidenfäden aus einem Seidenstoffrest abziehen.

Zahnbürste aus Holz oder Bambus. Wird in der Regel in einer Pappverpackung verkauft.

Glasflaschen mit Kunststoffpumpe. Zum Nachfüllen von Shampoo und Spülung.

Seifenschale aus Metall. Sie können sie auch mit auf Reisen nehmen.

Mehrweg-Ohrenstäbchen. Als Ersatz für die Einwegstäbchen aus Watte.

Pinzette aus Metall.

Nagelknipser aus Metall.

Zahnstocher aus Metall.

Waschlappen aus Bio-Baumwolle.

Gewürzstreuer aus Metall. Für Zahnpulver aus Natron.

Bidetaufsatz bzw. Popodusche. Wenn Sie den Mut haben, auf Toilettenpapier zu verzichten.

Kleine Dosen aus Glas oder Metall. Zur Aufbewahrung von selbst gemachtem Lippenbalsam oder für Reisen.

Rasierhobel aus Edelstahl.

Metallklingen für den Rasierer. Sie werden, einzeln in Papier eingewickelt, in einer kleinen Pappbox geliefert.

Menstruationstasse. Oder: wiederverwendbare Damenbinden, Mehrweg-Tampons oder saugfähige Mehrwegslips, die speziell für die Periode entwickelt wurden.

KÜCHE & HAUSHALT

Zuerst tauschte ich die am häufigsten benutzten Einwegartikel aus – z. B. waschbare Küchentücher anstelle von Küchenpapier, Stoffservietten anstelle von Papierservietten, ein Teesieb als Ersatz für Teebeutel und einige Gläser zur Aufbewahrung aller unverpackten Lebensmittel, die ich zu kaufen begann.

Wiederverwendbare Küchentücher. Vermeiden Sie Mikrofasertücher, da sie beim Waschen Mikroplastik freisetzen.

Spül- und Flaschenbürste aus Holz.

Topfreiniger aus Stahlwolle.

Wiederverwendbares Teesieb/Tee-Ei. Lose Teeblätter sind eine großartige Alternative, da die meisten Teebeutel Kunststoff enthalten.

Schraubgläser. Für die Lagerung von Trockenwaren.

Stoffservietten.

French Press Kaffeekanne. Für losen Kaffee zum Aufbrühen ohne den nervigen Kaffeesatz. Wenn Sie eine Kaffeekapselmaschine haben, sollten Sie in eine wiederauffüllbare Metallkapsel investieren und sie mit Ihrem bevorzugten gemahlenen Kaffee füllen, den Sie unverpackt gekauft haben. Ebenso gut funktioniert der gute alte Porzellan-Kaffeefilter mit wiederverwendbaren Filtern aus Stoff oder der italienische Herd-Espressokocher.

REINIGUNG IHRER ZERO-WASTE-AUSRÜSTUNG

Eigentlich ist es selbstverständlich, aber ich werde es trotzdem erwähnen. Bitte nutzen Sie bei Mehrwegartikeln Ihren gesunden Menschenverstand und gute Hygienevorkehrungen. Halten Sie die Behälter sauber und trocken und waschen Sie die wiederverwendbaren Stoffbeutel, wenn nötig, nach jedem Gebrauch. Ersetzen Sie gebrauchte Küchentücher regelmäßig durch saubere. Servietten lassen sich durch Bügeln hervorragend sterilisieren. Wenn Sie eine Menstruationstasse verwenden, kochen Sie diese am Ende jeder Periode zehn Minuten in Natronlauge und lagern Sie sie in einem sauberen Beutel, damit sie für den nächsten Zyklus bereit ist.

In der Spülmaschine lassen sich Glasgefäße und Mehrwegbehälter einfach sterilisieren. Wenn Sie keine Spülmaschine haben, spülen Sie alle Behälter gründlich von Hand mit Spülmittel und heißem Wasser aus. Gläser und Deckel werden sterilisiert, indem Sie sie 10 Minuten in einem großen Topf mit Wasser kochen oder 30 Minuten bei 110 °C in den Ofen stellen und dann abkühlen lassen.

DA GEHT NOCH WAS!

Sobald Sie sich einen Überblick über Ihre bisherige Zero-Waste-Ausrüstung verschafft haben, können Sie einen Blick auf andere Lebensbereiche werfen, in denen Sie Einwegartikel durch wiederverwendbare Produkte ersetzen könnten.

- **Berichten Sie anderen von Ihrer Vorliebe für Mehrwegartikel.**
Teilen Sie Ihre Erfahrungen mit Freunden, Familie oder in sozialen Netzwerken.

- **Nutzen Sie Ihr handwerkliches Geschick (falls vorhanden).**
Stellen Sie schöne wiederverwendbare Dinge wie etwa Stoffbeutel oder Bienenwachstücher her und verkaufen Sie sie auf DIY-Märkten oder verschenken Sie sie an Freunde.

- **Wie sieht es an Ihrem Arbeitsplatz aus?**
Prüfen Sie, wie viele Wegwerfartikel verwendet werden und ob diese nicht durch wiederverwendbare Alternativen ersetzt werden könnten. Schlagen Sie doch z. B. einfach wiederverwendbare Becher für den Kaffeeautomaten oder nachfüllbare Seifenspender vor.

RAUSGEHEN

VORÜBERLEGUNGEN

Hoffentlich hatten Sie inzwischen die Möglichkeit zu recherchieren, was in Ihrer Region verfügbar ist, und haben sich eine sinnvolle Zero-Waste-Grundausstattung zugelegt oder Vorhandenes aus Ihren Schränken zusammengesucht. Jetzt ist es an der Zeit, sich in die weite Welt hinauszuwagen und einige Nachfüllgewohnheiten zu üben.

Die meisten Geschäfte, die ich häufig besuche, kennen das Spielchen inzwischen. Ich übergebe ihnen meine Dosen oder Stoffbeutel, und sie legen das Gewünschte direkt hinein. Ich nehme mir immer die Zeit, mich mit dem Personal zu unterhalten und zu fragen, wie sein Tag verläuft. Ich bin immer höflich. Von Zeit zu Zeit bekomme ich sogar einige Vergünstigungen. Obwohl dies nicht garantiert ist, ist es natürlich schön, wenn es passiert. Der Metzger wirft ein paar zusätzliche Würste in meine Mehrwegdose, oder ich bekomme eine kostenlose Praline, wenn ich meinen Mehrwegbeutel mitbringe. Einige Kaffee-Baristas waren von meiner mitgebrachten Tasse so entzückt, dass ich meinen Kaffee aufs Haus bekommen habe.

Bei dieser Art von Einkauf ergeben sich häufig großartige Gespräche. Wenn ich meine Mehrwegdosen oder Stoffbeutel mit in ein Geschäft bringe, sagt fast immer jemand: »Was für eine wunderbare Idee!«, oder »Wo haben Sie denn diese Dosen her?« Ich habe in meinem Lieblingsladen darauf hingewiesen, dass offenbar viele Kunden ähnliche Mehrwegartikel, wie ich sie habe, kaufen würden. Tatsächlich gibt es jetzt welche in den Regalen, und die Kunden sind ermutigt, ebenfalls eigene Gefäße mitzubringen. Mein Metzger erzählte mir, dass auch andere Käufer angefangen haben, ihre eigenen Behälter zum Nachfüllen mitzubringen. Wenn Sie Stammgast in einem Geschäft sind und die Mitarbeiter und Besitzer kennen, ist es einfacher, solche Vorschläge zu machen. Vielleicht würden jene ja erwägen, einige Trockenprodukte zum Nachfüllen anzubieten? Oder wie wäre es, wenn sie Reinigungsmittel zum Nachfüllen ins Sortiment nehmen würden? Haben Sie keine Scheu davor, Ihren Stammläden positives Feedback und Anregungen zu geben, was Sie gerne dort sehen würden – jedes Geschäft möchte seinen Kunden doch gefallen.

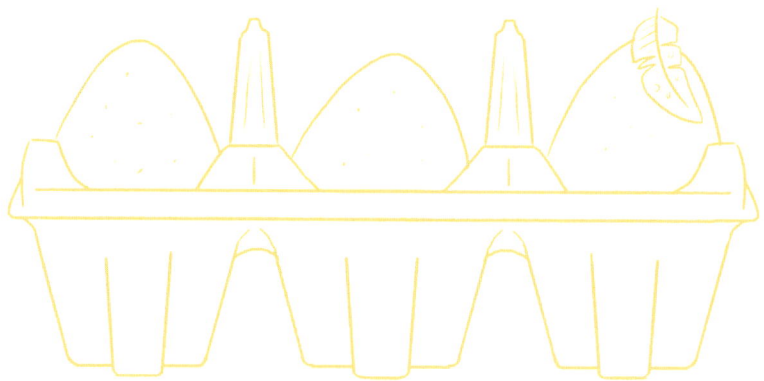

DAS IST ZU TUN

Ein einfacher Trick, um sich sich daran zu erinnern, das Haus nicht ohne Zero-Waste-Ausrüstung zu verlassen, besteht darin, sie mit einer bereits etablierten Gewohnheit zu verbinden. Bevor ich aus dem Haus gehe, sagte ich mir schon immer »Handy, Portemonnaie, Schlüssel«. Ich füge diesem Mantra jetzt »Trinkflasche, Stoffbeutel« hinzu, und es funktioniert überraschend gut! Finden Sie eine Methode, die für Sie ebenso erfolgreich ist. Wenn Sie z. B. Ihre Arbeitstasche gerne schon am Vorabend packen, packen Sie direkt auch Ihre Mehrwegartikel hinein oder legen Sie sie daneben, damit Sie am nächsten Tag daran denken.

Das Schönste am müllfreien Einkaufen für mich ist, dass ich nun kleine, unabhängige Läden wie den Gemüsehändler und den Metzger um die Ecke unterstütze. Heute kenne ich sie alle mit Namen und genieße das kleine Schwätzchen, wann immer ich dort vorbeikomme. Verglichen mit den seelenlosen und überfüllten Gängen eines Supermarkts war das für mich eine ganz neue Erfahrung. Das Einkaufen von Lebensmitteln ist nun nicht nur weniger lästig, sondern es macht sogar Spaß!

BEVOR SIE BEGINNEN

Planen Sie ein wenig voraus, das macht alles viel leichter.

Üben Sie, sich an Ihre Zero-Waste-Ausstattung für unterwegs zu erinnern, bevor Sie das Haus verlassen. Sie brauchen ja nicht immer alles mitzunehmen! Planen Sie voraus, und wenn Sie wissen, dass Sie auf dem Weg zur Arbeit einen Kaffee trinken möchten und sich mittags ein Sandwich kaufen, packen Sie Ihren Kaffeebecher und einen Stoffbeutel ein.

Einfache erste Schritte

1 **Bitten Sie einen Verkäufer, etwas in Ihren Behälter zu legen.**
Bringen Sie eine Vorratsdose mit zum Metzger, Feinkostladen oder Supermarkt und bitten Sie darum, die Ware ohne Plastikverpackung direkt dort hineinzulegen.

2 **Füllen Sie Trockenwaren oder Öl im Unverpackt-Laden nach.**
Erstellen Sie eine Einkaufsliste, nehmen Sie genau die benötigte Anzahl von Stoffbeuteln, Gläsern und Dosen mit und füllen Sie sie auf. Fühlt sich das für Sie erst mal sehr ungewohnt an, beginnen Sie zunächst mit nur einem Artikel.

3 **Werden Sie Stammgast.**
Kleinere Geschäfte werden Ihren Wünschen mit größerer Wahrscheinlichkeit nachkommen als große Ketten, da sie eher auf treue und wiederkehrende Kundschaft angewiesen sind. Für Sie hat das den Vorteil, dass Sie sich nicht jedes Mal neu erklären müssen, wenn Sie etwas einkaufen.

WIE ICH LEBENSMITTEL KAUFE

Der Einkauf von Lebensmitteln in eigenen Behältern kann zuerst ein wenig abschreckend wirken. Bedienen sich doch so viele von uns der bequemen Onlinebestellung in Supermärkten und lassen sich alles direkt vor die Tür liefern. Dies führt jedoch zu einer Menge Überverpackungen.

Es wird sich seltsam anfühlen, wenn Sie zum ersten Mal jemanden bitten, etwas direkt in Ihren Behälter oder Stoffbeutel zu stecken. Seien Sie höflich und nutzen Sie Ihren Humor. Widerstehen Sie dem Drang, ausführlich das Warum zu erklären, es sei denn, jemand fragt danach. Finden Sie einen kurzen und netten Satz, der für Sie funktioniert. Normalerweise sage ich etwas wie »Können Sie das bitte hier reintun?« und reiche den Behälter über die Theke. Greift das Personal nach Papier oder einer Plastiktüte, füge ich einfach hinzu: »Oh, ich brauche keine zusätzliche Verpackung, danke.« Und nun erkläre ich Ihnen, wie ich einkaufe und wann.

WÖCHENTLICH

Fleisch, Obst und Gemüse, Brot, Käse, Butter, Joghurt und passierte Tomaten kaufe ich jede Woche. Ich besuche meinen Bio-Lebensmittelhändler mit drei Behältern (ein großer für ein ganzes Huhn und zwei kleinere für alles andere an Fleisch, auf das wir Lust haben), vier oder fünf Stoffbeuteln, zwei leeren Eierkartons und zwei großen Einkaufstaschen, in denen ich alles nach Hause trage.

Die Dosen gebe ich dem Metzger. Während er das Fleisch vorbereitet, fragt mich oft ein anderer Kunde, woher ich meine Behälter habe, und ruft aus, was für eine wunderbare Idee es sei, die eigenen mitzubringen. Ich freue mich immer wieder, das zu hören! Der Metzger wiegt die leere Dose, legt das Fleisch hinein und zieht dann das Gewicht der Dose ab. So bezahle ich natürlich nur für das, was drinnen ist (und bekomme oft einen kleinen Rabatt, weil ich meine Behälter mitgebracht habe).

Ich fülle meine Eierkartons mit losen Eiern.

Ich benutze einen großen Stoffbeutel für mein Brot. Sie können auch einen alten Kissenbezug nehmen.

Obst und Gemüse lege ich einfach so in meinen Einkaufskorb. Die kleineren Stoffbeutel verwende ich für weichere Lebensmittel wie Pilze, Tomaten und Pflaumen.

Ich kaufe in Wachspapier verpackte Butter. Das Wachspapier kann ich waschen und kompostieren (mehr zum Kompostieren später!). Joghurt und passierte Tomaten sind die einzigen zwei Artikel, die ich im Glas kaufe. Leider ist der Laden, in dem ich Joghurt in meine eigenen Gläser abfüllen kann, etwas weiter entfernt, und ich schaffe es nicht regelmäßig. Tomatenpassata habe ich auch schon selbst gemacht, aber da ich in meiner Wohnung nur wenig Stauraum habe, lohnt sich das für mich leider nicht wirklich.

MONATLICH

Etwa einmal im Monat mache ich einen Ausflug zu verschiedenen Fachgeschäften oder Unverpackt-Läden, um mich mit haltbaren Lebensmitteln einzudecken. Hier wird alles lose in Spendern verkauft, und ich kann so viel oder so wenig abfüllen, wie ich brauche. Vielleicht gibt es einen dieser Zero-Waste-Stores auch in Ihrer Nähe. Manchmal finden Sie auch in Bio-Supermärkten oder Reformhäusern Nachfüllbereiche.

Ich nehme 10–15 wiederverwendbare Stoffbeutel für Trockenwaren wie Nudeln, Reis, Hafer, Kaffeebohnen, Schokolade, Nüsse, Samen und Hülsenfrüchte mit. Ich wiege jeden leeren Stoffbeutel und Behälter, um das Taragewicht zu ermitteln (siehe Seite 27), und fülle sie dann auf.

Essig, Öl, flüssige Reinigungsmittel und manchmal auch Ahornsirup fülle ich in Glasflaschen ab.

Schraubgläser verwende ich zum Nachfüllen von Erdnussbutter (frisch aus der Maschine gemahlen), Honig, Waschpulver, Kräutern und Teeblättern.

In manchen Unverpackt-Läden müssen Sie die PLU-Nummer notieren, anhand derer der Artikel an der Kasse identifiziert werden kann. Schreiben Sie sie entweder auf einen Zettel oder machen Sie es wie ich: Fotografieren Sie sie mit Ihrem Smartphone und zeigen Sie die Bilder an der Kasse.

Für Wein oder Bier muss ich ein anderes Geschäft aufsuchen und Glasflaschen mitbringen. Meist erledige ich das an einem anderen Tag, an dem ich nicht so viele Dinge bei mir habe.

Meine gesamten Einkäufe kann ich in zwei großen Taschen nach Hause tragen. An dieser Stelle möchte ich gerne erwähnen, dass ich mit öffentlichen Verkehrsmitteln fahre. Sie sehen, auch für die meisten anderen Menschen sollte es also eigentlich möglich sein, ein paar wiederverwendbare Boxen zu transportieren, auch wenn sie gefüllt sind. Und wenn Sie regelmäßig diese Einkaufstaschen tragen, können Sie sogar die Mitgliedschaft im Fitnessstudio kündigen!

NICHTS UNVERPACKTES?

Die Anzahl der Unverpackt-Läden hat in den letzten Jahren deutlich zugenommen. Aber natürlich gibt es sie noch nicht überall, und manch einer hat nicht die Möglichkeit, lose einzukaufen. Im Folgenden finden Sie hilfreiche Ideen für den Fall, dass Sie keinen Unverpackt-Laden in erreichbarer Nähe haben.

• In Großgebinden kaufen. Wenn Sie genügend Stauraum haben, können Sie im Grunde wie ein Unverpackt-Laden einkaufen, also große Säcke mit Hafer, Reis, Nudeln, getrockneten Bohnen, Kräutern und Waschpulver. Achten Sie dabei auf Lieferanten, die nicht in Kunststoff verpacken (siehe Service ab Seite 214).

• Achten Sie auf weniger und umweltverträglichere Verpackungen – am besten aus Glas, Metall, Pappe oder Papier – und bevorzugen Sie Materialien, die leicht zu recyceln sind. Bauernmärkte und kleinere Feinkostgeschäfte sind oft gute Anlaufpunkte.

• Abonnieren Sie eine Gemüsekiste. Wenn Sie keinen Bauernmarkt oder keinen Shop mit losem Gemüse in der Nähe haben, sollten Sie ein regionales Gemüse-Abo abschließen. Die meisten dieser Lieferanten verwenden viel weniger Verpackungen als ein Supermarkt, einige verpacken sogar kunststofffrei. Außerdem unterstützen Sie so auch die Lebensmittelproduzenten vor Ort.

• Vereinfachen. Wie viele Reinigungsprodukte brauchen Sie wirklich? Steigen Sie auf Allzweckreiniger um oder machen Sie Ihre Putzmittel selbst.

• Selbst anbauen. Kräuter im Supermarkt sind immer in Kunststoff eingepackt, dabei sind sie so leicht zu ziehen. Wenn Sie Platz haben, bauen Sie auch Gemüse und Obst an. Sie könnten sich auch ein paar Hühner zulegen, wenn Sie mutig genug sind und auf frisch gelegte Eier stehen.

• Ersetzen. Wenn Sie einen bestimmten Artikel ohne Kunststoffverpackung nicht finden, können Sie ihn vielleicht durch einen anderen austauschen? Probieren Sie mal Olivenöl als Make-up-Entferner oder Tafelessig anstelle von Reinigungsmitteln und Weichspüler.

• Selber machen. Ich habe jahrelang Pasta selbst gemacht, da ich sie nirgends lose finden konnte, und ich mache regelmäßig mein eigenes Geschirrspülpulver, da ich immer noch keines ohne Kunststoffverpackung gefunden habe (siehe Seite 204).

BLEIBEN SIE COOL

Wenn sich ein Angestellter weigert, Ihre mitgebrachten Dosen zu füllen, flippen Sie nicht aus! Die meisten haben nur Angst davor, Ärger zu bekommen. Wenn ich das in einem Laden erlebe, in dem ich vorher schon mit eigenen Behältern eingekauft habe, erkläre ich dem Verkäufer normalerweise, dass seine Kollegen meinem Wunsch bisher immer nachgekommen wären und es nie ein Problem gewesen sei. Sie können das Personal aber auch freundlich bitten, sich beim Vorgesetzten zu erkundigen.

Akzeptieren Sie zur Not, dass eine Abfüllung in Ihren Behälter in diesem Geschäft nicht möglich ist, und denken Sie darüber nach, künftig woanders einzukaufen. Oft erweist sich auch eine anschließende höfliche E-Mail an die Firmenleitung als hilfreich.

DA GEHT NOCH WAS!

Wenn Sie Ihre Zero-Waste-Ausrüstung immer bereit haben und es Ihnen zur Gewohnheit geworden ist, Lebensmittel und andere Gebrauchsartikel ohne Verpackung zu kaufen, finden Sie hier einige weitere Ideen:

• **Eröffnen Sie Ihren eigenen Unverpackt-Laden.**
Dies mag nach einer großen Aufgabe klingen und muss natürlich gut geplant und durchdacht sein – aber wenn es in Ihrer Nachbarschaft Bedarf und Nachfrage gibt, könnte es sich wirklich lohnen. Und Sie hätten natürlich selbst jederzeit Zugriff auf alle unverpackten Lebensmittel, die Sie benötigen!

• **Veranstalten Sie einen Zero-Waste-Workshop.**
Teilen Sie Ihre Erfahrungen mit interessierten Neulingen und erklären Sie ihnen, wie Sie einkaufen und was Sie verändert haben.

• **Fehlt ein wiederverwendbares Produkt auf dem Markt?**
Könnten Sie es entwickeln oder herstellen?

• **Nehmen Sie Partner, Kinder oder Freunde mit zum Einkaufen.**
Zeigen Sie ihnen, wie alles funktioniert. Vor allem Kinder haben großen Spaß daran, ihre Stoffbeutel zu füllen.

BAD & KÖRPERPFLEGE

Nachdem ich den müllreduzierten Lebensmitteleinkauf etabliert hatte, wandte ich mich dem Badezimmer zu. Das war bis zu diesem Zeitpunkt gefüllt mit einer Vielzahl von Shampoos, Make-ups, Cremeflaschen, Einwegrasierern – und einem Berg von Verpackungsmüll.

Ich fragte mich, was davon ich wirklich brauchte, und entsorgte alles, was ich doppelt hatte oder sowieso nicht mehr benutzte. So habe ich z. B. auch einen Kunststoff-Luffaschwamm weggeworfen, weil ich unter der Dusche inzwischen viel lieber ein Stück Seife und meine Hände benutzte.

Körperpflege- und Kosmetikprodukte sind eine sehr individuelle Sache, und was für mich passt, ist für Sie vielleicht ganz ungeeignet. Es sind also einige Experimente erforderlich, aber lassen Sie sich nicht entmutigen und bleiben Sie für alles offen.

AB INS BAD!

VORÜBERLEGUNGEN

Ein Badezimmer sollte ein Rückzugsort sein, ein Raum, in dem wir uns vom Alltagsstress erholen und uns selbst ein bisschen Zuwendung geben können – vielleicht eine Gesichtsmaske oder eine Verwöhnmassage für unsere müde Haut. Die Realität aber ist, dass die meisten Menschen ihr Badezimmer mit Unordnung füllen. Bis ins letzte Eckchen ist es mit Plastikflaschen voller Shampoo, Spülungen, Gesichtsreiniger, Duschgel, Rasiercreme und mehreren Lotionen vollgestopft, die alle dank der neuesten Superfood-Zutat das Versprechen ewiger Jugend in sich tragen.

Denken wir dabei jemals an die Menge der unterschiedlichsten Chemikalien in jedem dieser Produkte, darunter auch einige, die Hormonstörungen oder Krebs verursachen können? Kein wirklich entspannender Gedanke!

DAS IST ZU TUN

Versuchen Sie in dieser Woche, Einwegprodukte für Hygiene und Körperpflege gegen wiederverwendbare Mehrwegalternativen oder Artikel, die leicht zu kompostieren sind, auszutauschen. Auf den nächsten Seiten habe ich Ihnen die Produkte, die ich jetzt für meine persönliche Körperpflege verwende, aufgelistet.

BEVOR SIE BEGINNEN

Seien Sie realistisch und ziehen Sie nur die Alternativen in Betracht, die Sie wirklich gerne ausprobieren und verwenden möchten. Sehen Sie die aufgeführten Beispiele nur als Anregungen.

Reduzieren Sie alles auf das Wesentliche und suchen Sie nach Kombi-Produkten. Könnte nicht ein einziges Stück Seife zum Händewaschen und Duschen, Rasieren und zur Fleckenentfernung genügen? Brauchen Sie unbedingt einen Schwamm zur Körperpflege oder können Ihre Hände nicht seine Arbeit erledigen?

Erwägen Sie, die gleichen Produkte für alle Mitbewohner Ihres Haushaltes zu verwenden. Natürlich ist dies aufgrund eventuell verschiedener Haut- und Haartypen nicht immer möglich, doch es gibt sicherlich einige Produkte, die für alle geeignet sind.

Einfache erste Schritte

1 Nutzen Sie Wiederverwendbares.

Investieren Sie in Produkte, die Sie immer wieder verwenden können, wenn das Budget es zulässt. Denken Sie daran, dass Sie auf lange Sicht mit Artikeln wie wiederverwendbaren Rasierklingen, Abschmink-Pads aus Stoff oder einer Menstruationstasse Geld sparen, auch wenn sie in der Anschaffung erst mal teurer sind.

2 Tauschen Sie Produkte aus.

Prüfen Sie, welche Küchenzutaten (z. B. Olivenöl, Honig, Salz, Apfelessig oder Natron) Sie auch im Bad verwenden können. Machen Sie sich aber bewusst, dass dieser Weg ein Prozess von Versuch und Irrtum sein darf – Sie müssen keine faulen Kompromisse eingehen, wenn etwas für Sie nicht die gewünschten Ergebnisse liefert. Es lässt sich für alles noch eine Alternative finden, die für Sie besser funktioniert.

3 Kaufen Sie nur nachhaltig verpackte Artikel.

Suchen Sie bei Dingen, die Sie verpackt kaufen müssen (wie z. B. Gesichtscreme oder Körperlotion) nach Produkten, die in einer kompostierbaren Pappschachtel, recycelbarem Metall oder Glas verpackt sind oder auch in Nachfüllpackungen angeboten werden.

SEIFE

Das war für mich der einfachste Tausch von allen. Es dauerte zwar etwas, bis ich eine Seife gefunden hatte, die mir wirklich gut gefiel und die schön schäumte, aber die Auswahl ist wirklich groß. Ich mag Seifen aus natürlichen Zutaten mit minimaler oder am besten gar keiner Verpackung und ich nutze sie für den Körper, die Hände, das Gesicht und als Rasierschaum.

Wenn Sie Flüssigseife bevorzugen, suchen Sie nach einer biologisch abbaubaren Seife in einer Glasflasche, die Sie im Geschäft nachfüllen können.

FEUCHTIGKEITSCREME

Für mich ist Olivenöl – abgefüllt in meine eigene Flasche – als einfache Gesichtscreme wunderbar geeignet. In Unverpackt-Läden werden auch Sonnenblumen-, Sesam- oder Jojobaöl angeboten. Einfach ein paar Tropfen davon in die feuchte Haut massieren.

Im Winter braucht meine Haut eine reichhaltigere Pflege. Ich verwende dann eine natürliche Gesichtscreme eines Herstellers, der auch Nachfüllpackungen anbietet. Ich bestelle einfach einen Ersatz und gebe meine leere Flasche zurück. Es lohnt sich oft, kleine Firmen zu fragen, ob sie ein Döschen von Ihnen auffüllen. Vielleicht ist im Unverpackt-Laden in Ihrer Nähe auch eine Gesichtscreme erhältlich.

Meinen Körper creme ich entweder mit einer selbst gemachten Körperbutter ein (siehe Seite 208) oder mit der Creme einer regionalen Firma, die meine Flasche gerne auffüllt. Es gibt eine Reihe von Körpercremes in kompostierbaren Papptuben, Gläsern oder Metalldosen auf dem Markt. Finden Sie heraus, was für Ihren Hauttyp am besten geeignet ist.

DEODORANT

Ich habe festgestellt, dass ich den ganzen Tag über frisch rieche, wenn ich einfach etwas Natron auf meine Achseln klopfe, aber das funktioniert nicht bei jedem. Mein Mann bekommt davon einen leichten Hautausschlag. Stattdessen nimmt er einen natronfreien Deo-Stick, der in einer kompostierbaren Papptube verkauft wird. Einige Leute schwören auf Deo-Kristalle, die man mit Wasser befeuchtet und auf die Achselpartie aufträgt. Ich habe leider festgestellt, dass sie bei mir nicht wirklich funktionieren. Viele Unverpackt-Läden bieten auch Deo-Cremes zum Abfüllen in eigene Behälter an. Deos kann man außerdem auch selbst machen (z. B. aus Kokosöl und Natron), aber die Ergebnisse sind in der Regel ein wenig ölig und es können Flecken auf der Kleidung zurückbleiben. Beachten Sie, dass alle diese Vorschläge nicht den Schweiß, sondern nur den Geruch verhindern. Ich stellte jedoch fest, dass ich, nachdem ich einige Wochen kein Antitranspirant mehr benutzte, viel weniger schwitzte.

SONNENSCHUTZ

Stellen Sie Ihre Sonnenschutzcreme bitte nicht selbst her, es sei denn, Sie machen das beruflich. Die Ergebnisse von DIY-Sonnenschutzmitteln sind unvorhersehbar und riskant. Ich habe eine Alternative aus natürlichen Zutaten gefunden, die in wiederverwend- oder recycelbaren Metalldosen erhältlich ist. Gibt es Sonnenschutzmittel in Ihrem Unverpackt-Laden, kaufen Sie es.

Einfaches Abdecken mit vernünftiger Kleidung sowie ein Hut schützen die Haut übrigens auch. Moderate Sonnenbestrahlung ist außerdem eine großartige Quelle für Vitamin D. Mittlerweile kann ich ganz gut einschätzen, wie viel Sonne meine Haut verträgt (ca. 20 Minuten), danach gehe ich in den Schatten.

HAARPFLEGEPRODUKTE

Einen guten Ersatz für Shampoo und Spülung zu finden, war für mich anfangs eine Herausforderung. Diese Produkte habe ich auch als Letztes ausgewechselt. Während einige Leute mit Roggenmehl oder Natron anstelle von Shampoo zufrieden sind, bevorzuge ich zumindest etwas Shampoo-Ähnliches! Dies ist sicherlich ein Bereich, in dem man ein wenig herumprobieren muss. Geben Sie also nicht auf, wenn der ein oder andere Versuch für Sie mit Haaren wie Albert Einstein endet ...

Für viele Leute ist festes Shampoo, das es für alle Haartypen gibt und das meistens in einer Pappschachtel verpackt ist, eine gute Lösung – glänzendes Haar und gesparter Müll inklusive. Am besten verwenden Sie anschließend noch eine Apfelessigspülung (siehe Seite 209).

Nachfüllen ist immer gut. Packen Sie sich einfach ein oder zwei leere Flaschen ein und gehen Sie zu einem Friseur, der Shampoo und Spülung zum Nachfüllen anbietet. Ich konnte zunächst keine Nachfüllmöglichkeiten in meiner Nähe finden und fragte daher einen Friseur um die Ecke, ob er mir meine leeren Glasflaschen aus seinen großen Händlerverpackungen nachfüllen könnte. Er fand die Idee gut, und seitdem lasse ich meine Flaschen immer wieder bei ihm auffüllen. Auch im Internet gibt es Angebote für Nachfüllservices. Schicken Sie Ihre Flaschen ein, sie werden gereinigt und neu befüllt (s. Service ab S. 214).

Ich habe meine Haare früher jeden Tag gewaschen, wodurch sie auch viel schneller fettig wurden. Obwohl jeder Haartyp anders ist, lohnt es sich zu testen, ob Sie die Zeit zwischen den Wäschen nicht etwas verlängern können. Dies spart nicht nur Pflegeprodukte, sondern auch Wasser. Im Übrigen habe ich das Gefühl, dass das seltenere Waschen meinen Haaren und meiner Kopfhaut ausgesprochen guttut.

Mit Trockenshampoo kann man die Zeit zwischen den Wäschen etwas verlängern. Probieren Sie ein wenig Maisstärke für helleres Haar oder Kakaopulver für dunkleres Haar. Einfach vorsichtig die Haaransätze damit bestreuen und durchbürsten.

HAARENTFERNUNG

Mein persönlicher Favorit ist ein Rasierhobel aus Metall. Auf den ersten Blick mag es so aussehen, als würde er Ihre Haut in Stücke reißen, aber es gibt schließlich einen Grund, warum er als »Sicherheitsrasierer« bezeichnet wird. In den fünf Jahren, seit ich ihn benutze, habe ich mich nur zweimal geschnitten (in den ersten Tagen). Etwas Übung erfordert das Rasieren damit allerdings – am besten lassen Sie das Gewicht des Rasierers die Arbeit machen und führen ihn einfach an Ihrer Haut entlang (nicht drücken!). Mein Mann nahm eines Tages meinen (ohne Anstoß von mir) und rasierte sich damit den Bart. Daraufhin hat er sich einen eigenen gekauft, genießt die Rasur und spart auch noch eine Menge Geld an nicht mehr benötigten Wegwerf-Rasierern.

Für Sicherheitsrasierer ist eine Metallklinge erforderlich, die erst nach mehreren Monaten ausgetauscht werden muss. Die Klingen werden in einer einfachen Pappschachtel und in Papier eingewickelt geliefert. Sie bieten eine erhebliche Ersparnis gegenüber Einwegartikeln. Die gebrauchten Klingen lagere ich in einem Metallbehälter unter der Spüle und bringe sie, sobald er voll ist, zum einem Recycling-Fachbetrieb. Natürlich kann man mit einem Elektrorasierer oder einem Laser-Haarentferner auch Müll sparen. Ich aber bin mit meinem einfachen Rasierhobel zufrieden.

RASIERSCHAUM

Wir haben ihn durch ein Stück Seife ersetzt, die reichlich schäumt. Mein Mann verwendet eine aus natürlichen Zutaten hergestellte spezielle Rasierseife. Mir reicht meine normale Seife.

ZAHNPASTA

Persönliche Präferenzen und individuelle Anforderungen bedeuten auch hier unterschiedliche Lösungen. Ich putze meine Zähne einfach nur mit Natron. Den Minzgeschmack vermisse ich nicht und ich bin zu faul, um Zahnpulver oder Zahnpasta selbst herzustellen. Oft sind zu viele Zutaten erforderlich, und ich kann nicht immer alle ohne Verpackung beziehen. Mein Mann mag Natron nicht, und für ihn haben wir eine fertige Naturpaste gefunden, die in einem recycelbaren Glas oder einer Pappverpackung verkauft wird. Es ist toll, dass immer mehr Zahnpasta auf den Markt kommt, die in leicht zu recycelnden Metallröhrchen oder Glasgefäßen verpackt ist. In Unverpackt-Läden findet man auch Zahnputztabletten in loser Schüttung, teilweise auch mit Fluor – für diejenigen, die dies für nötig halten.

ZAHNBÜRSTEN

Soweit ich weiß, ist derzeit ist nur eine vollständig kompostierbare Zahnbürste aus Holz mit Wildschweinhaarborsten erhältlich. Mir persönlich macht es nichts aus, aber es überrascht mich nicht, dass viele meiner Freunde und Familienangehörige sich die Zähne nicht mit Schweinehaar putzen möchten. Eine gute Alternative ist eine Bambuszahnbürste mit Kunststoffborsten, die den Müll immerhin reduziert, da der Bambusgriff kompostiert werden kann.

ZAHNSEIDE

Ich habe vor vielen Jahren einen wiederverwendbaren Zahnseidebehälter mit Zahnseidenminen im Internet gekauft. Ich bestelle einfach die Nachfüllpackung und lege sie in das Glas, das einen Metalldeckel hat. Alternativ können Sie versuchen, ein Stück Seidenstoff umzufunktionieren. Ziehen Sie einfach einige Fäden heraus und verwenden Sie sie als Zahnseide.

MONATSHYGIENE

Ich habe mich für eine wiederverwendbare Menstruationstasse (die meisten sind aus Silikon, es gibt aber auch welche aus Fairtrade-Naturkautschuk) entschieden und ich liebe sie! Freundinnen, die sie einmal ausprobiert haben, schwören jetzt auch darauf. Wenn Sie sie aber nicht testen möchten oder wenn sie nicht zu Ihrem Körper passt, gibt es auch wiederverwendbare Stoffbinden (die schöner sind als sie klingen), wiederverwendbare Tampons (ich persönlich habe sie nicht probiert) und Menstruationshosen (die so viel Blut aufnehmen wie zwei oder drei Tampons) aus Bio-Baumwolle.

TOILETTENPAPIER

Ich kaufe einen Karton mit 48 baumfreien Rollen, die einzeln in Papier eingewickelt sind. Der Hersteller spendet 50 Prozent seines Gewinns für den Schutz von Gewässern, und die Qualität überzeugt mich. In Unverpackt-Läden können Sie in der Regel unverpackt einzelne Rollen kaufen. Wenn Sie bereit sind, ganz auf Toilettenpapier zu verzichten, sind waschbare Tücher oder ein Bidetaufsatz bzw. eine Popodusche mögliche Alternativen.

GESICHTSREINIGUNG

Ich wasche mein Gesicht einfach mit der gleichen Seife, mit der ich meinen Körper wasche. Spezielle Gesichtsseife oder ein Konjacschwamm sind auch empfehlenswert. Honig eignet sich übrigens auch wunderbar zur Gesichtsreinigung. Einfach einmassieren, kurz einwirken lassen und dann gründlich mit einem feuchten Tuch abwischen. Danach fühlt sich meine Haut immer super weich an!

GESICHTSMASKE

Ich mische lose gekaufte Tonerde mit etwas Wasser zu einer einfachen Gesichtsmaske (siehe Seite 210).

KÖRPERPEELING

Verrühren Sie Kaffeesatz, Salz oder Zucker mit ein wenig Öl und schrubben Sie los.

MAKE-UP-ENTFERNER

Olivenöl (natürlich in meine eigene Flasche abgefüllt) funktioniert perfekt als Make-up-Entferner. Massieren Sie das Öl auf Ihr Gesicht und entfernen Sie es anschließend mit einem warmen, feuchten Handtuch. Das Make-up schmilzt einfach ab.

WATTESTÄBCHEN

Kaufen Sie stattdessen einen wiederverwendbaren Ohrenreiniger aus Metall. Wenn Sie Wattestäbchen verwenden müssen, suchen Sie nach solchen, bei denen das Stäbchen aus Pappe und nicht aus Kunststoff ist und die in einem Karton und nicht in Plastik verpackt sind.

GESICHTSWASSER

Verdünnen Sie einen Teil Apfelessig mit einem Teil Wasser (passen Sie das Verhältnis bei Bedarf an Ihre Haut an – manche Leute verdünnen den Essig mit bis zu vier Teilen Wasser) und verwenden Sie dies anstelle eines Gesichtswassers. Ehrlich gesagt, ich bin faul und benutze gar keins, aber ich höre gute Dinge über diese Alternative. Nach der Reinigung mit einem wiederverwendbaren Kosmetik-Pad aus Stoff auf die Haut auftragen (empfindliche Augenpartie aussparen) und trocknen lassen, dann eincremen. Vor Gebrauch schütteln.

PFLEGEROUTINE VEREINFACHEN

VORÜBERLEGUNGEN

Make-up-Produkte sind immer noch nicht so müllfrei, wie ich es gerne hätte. Leider war ich auch enttäuscht von DIY-Rezepten für Wimperntusche, Lippenstift, Rouge und Puder. Die meisten meiner Versuche endeten damit, dass meine Küche im Chaos versank und ich wochenlang Bienenwachs von den Oberflächen abkratzen musste. Deshalb habe ich mich entschlossen, Marken zu unterstützen, die natürliche Zutaten und nachhaltigere Verpackungen verwenden. Kleinere Erfolge hatte ich mit Kakaopulver anstelle von Bronzer und braunem Lidschatten, also nehme ich dieses, weil ich es unverpackt kaufen kann.

Meine Grundierung befindet sich in einer Metalldose mit einem kleinen Kunststoffpinsel. Das ist noch nicht ideal, aber immerhin viel weniger Plastik als vorher. Die Hülse meines einzigen Lippenstifts ist ebenfalls aus recycelbarem Kunststoff.

Ich habe versucht, natürliche Alternativen zu Haarfärbemitteln zu finden (wie Zitronensaft oder Kamillentee zum Aufhellen), war jedoch mit den Ergebnissen nicht zufrieden. Am Ende entschied ich mich dafür, mir in einem Bio-Friseursalon, wo die verwendeten Produkte meine Haare und die Umwelt schonen, professionell Strähnchen machen zu lassen. Wenn Folien verwendet werden, frage ich den Friseur, ob ich sie in meiner Stofftasche mit nach Hause nehmen kann, wo ich sie gründlich ausspüle und dann ordnungsgemäß recycle. Ich lehne auch Kunststoffhauben ab, wenn die Haare rundum gefärbt werden, und warte lieber länger, bis sich der Farbstoff entwickelt. Bisher zeigten sich alle verständnisvoll, wenn ich Ihnen erklärte, dass ich versuche, Müll zu vermeiden.

DAS IST ZU TUN

Reduzieren Sie Ihre Schminkausstattung. Ich habe rasch festgestellt, dass mir eine Wimperntusche, ein Eyeliner, eine Grundierung, ein Bronzer, ein Rouge und ein Lippenstift durchaus reichen.

BEVOR SIE BEGINNEN

Überlegen Sie, wie viel Make-up Sie überhaupt tragen möchten. Weniger ist oft mehr!

Überprüfen Sie, was von Ihren Schminksachen Sie tatsächlich regelmäßig verwenden und was nur herumsteht.

Einfache erste Schritte

1 Reduzieren Sie den Inhalt Ihrer Schminktasche.

Brauchen Sie auf, was bereits da ist, und füllen Sie nur nach, was Sie wirklich benutzen. Wenn Sie möchten, schicken Sie unerwünschte Artikel an den Hersteller zurück und erklären, warum Sie das Produkt nicht mehr kaufen werden (die Verpackung nervt!).

2 Wählen Sie All-in-one-Produkte.

Könnte eine getönte Sonnencreme auch als Grundierung dienen? Kann ich Cake Mascara (in Form gepresste Wimperntusche im Metalldöschen mit Extra-Bürste) auch als Eyeliner oder Lidschatten verwenden?

3 Recherchieren Sie vor dem Neukauf.

Wählen Sie die Produkte, die in weniger Kunststoff verpackt sind, oder Marken, die Nachfüllpackungen anbieten (siehe Service ab Seite 214).

EIN HINWEIS ZUM MEDIZINSCHRANK

Medikamente sind oft unumgänglich, und ich würde Ihnen niemals raten, Ihre Gesundheit zu gefährden, nur um Müll zu sparen. Wählen Sie jedoch beim Kauf von rezeptfreien Arzneimitteln wenn möglich Karton- oder Glasverpackungen und vermeiden Sie Kunststoffblisterpackungen, die häufig mit Folie gemischt werden und schwer zu recyceln sind. Suchen Sie stattdessen nach reinen Folienblistern.

Geben Sie abgelaufene Medikamente in einer Apotheke oder Schadstoffsammelstelle ab, wo sie sicher entsorgt werden. Sie können Sie auch – sicher verpackt, sodass z. B. keine spielenden Kinder daran gelangen – in den Hausmüll werfen, aber auf keinen Fall in die Toilette! Einige Geräte, wie z. B. gebrauchte Asthmainhalatoren, können zur Wiederverwertung in manchen Apotheken abgegeben werden. Informieren Sie sich, ob Ihre Apotheke diesen Service anbietet.

Glücklicherweise gibt es inzwischen einige Pflaster auf dem Markt, die vollständig biologisch abbaubar sind und einfach in den Kompostbehälter gegeben werden können. Ich habe jedoch festgestellt, dass bei kleineren Schnitten oder Wunden ein kleines Stück Taschentuch oder Stoff, mit Papierklebeband oder einer Schnur befestigt, oft ausreicht.

DA GEHT NOCH WAS!

- **Halten Sie Ausschau nach noch besserer Verpackung.**
Ist ein gekauftes Produkt in Kunststoff (auch wenn recycelbar) verpackt, suchen Sie nach einer nachhaltigeren Alternative.

- **Lieber nachfüllen als neu kaufen.**
Suchen Sie nach Firmen, die einen Nachfüllservice für Pflege- und Kosmetikprodukte anbieten.

- **Eröffnen Sie einen Onlineshop für müllfreie Kosmetikprodukte.**
Meine Freundin hat es getan, nachdem sie in normalen Shops nicht fündig wurde.

- **Duschen Sie einmal pro Woche weniger.**
Erfrischen Sie sich mit einem Waschlappen und etwas warmem Seifenwasser, binden Sie Ihr Haar zurück oder setzen Sie sich einen schicken Hut auf, wenn es ungewaschen aussieht. Sie sparen Wasser und verwenden Ihre Produkte pro Jahr 52-mal weniger.

- **Spenden Sie lange Haare einem Perückenhersteller.**
Perfekt, wenn Sie lange, ungefärbte Haare und Lust auf eine Kurzhaarfrisur haben.

- **Schicken Sie alles mit Mikroplastik zurück.**
Verwenden Sie keine Produkte, die Mikroplastik (winzige Kunststoffteilchen) enthalten, sie kontaminieren Wassersysteme und Ozeane. In einigen Teilen der Welt sind sie inzwischen verboten.

- **Permanente Haarentfernung.**
Als Alternative zum Rasieren.

WOCHE 4

PUTZEN & SICH INFORMIEREN

Diejenigen unter Ihnen, die mich kennen, werden jetzt wahrscheinlich denken: »Kate ... spricht übers Putzen? Unglaublich!« Ich bin halt nicht die beste Hausfrau aller Zeiten, aber da wir unsere Reinigungsgewohnheiten vereinfacht haben und nun nach Zero Waste leben, kann ich endlich genug Begeisterung aufbringen, um unser Zuhause anständig aussehen zu lassen. In dieser Woche entdecken wir also gemeinsam die Welt des Zero-Waste-Putzens.

Außerdem möchte ich, dass Sie sich daran erinnern, warum Sie diese Reise in eine müllfreie Welt begonnen haben. Mich hat es sehr motiviert, alles über Kunststoffe, Müll, Gesundheits- und Pflegeprodukte nachzulesen. Ich möchte Ihnen kein schlechtes Gewissen machen, wenn Sie nichts tun, sondern Sie einfach nur daran erinnern, dass auch Sie etwas ändern wollten.

PUTZEN

VORÜBERLEGUNGEN

Früher waren die Schränke unter meinen Küchen- und Badezimmer-waschbecken vollgestopft mit bunten Flaschen. Ein Spray hierfür, ein Gel dafür – jedes von ihnen enthielt synthetische Chemikalien, von denen man heute annimmt, dass sie ernste gesundheitliche Probleme verursachen können. Der Wechsel zu natürlichen Reinigungs-produkten kann zunächst eine Herausforderung sein, da wir den starken Duft von Reinigungsprodukten mit »Sauberkeit« gleichsetzen.

Mein Mann liebte alle unsere Putzmittel und war immer ein wenig übermotiviert, wenn er mit seinem antibakteriellen Oberflächenspray herumsprühte. Als ich ankündigte, dass wir seine geliebten Reinigungs-produkte ersetzen würden, stand er für einen Moment geschockt da und sagte: »Das mache ich jetzt aber nicht mit.« Ich antwortete, wenn er seine Reinigungsprodukte weiter benutzen wolle, müsse er sie selber kaufen, was jedoch nie passiert ist! Seither haben wir beide einen langen Weg zurückgelegt. Er hat leichtes Asthma und bemerkt inzwischen, dass er in der Nähe chemischer Produkte schlechter atmen kann. Heute wischt er unsere Oberflächen glücklich mit Essigwasserspray ab.

DAS IST ZU TUN

In dieser Woche geht es darum, Ihre aktuellen Reinigungsgewohnheiten
und -produkte zu überprüfen und nach Alternativen zu suchen.
Sie sollten sich ein müllfreies Sortiment an Putzmitteln zulegen und
können anhand der folgenden Ideen einiges davon sogar
selbst herstellen.

BEVOR SIE BEGINNEN

- Verschenken Sie Ihre alten Reinigungs- und Putzmittel.

- Wann und wie oft waschen Sie Ihre Wäsche? Überlegen Sie,
ob Sie die Anzahl der wöchentlichen Waschmaschinenladungen
reduzieren können.

- Wenn Sie Ihre Sachen in eine Reinigung bringen, dann suchen Sie
sich eine, die natürliche Reinigungsprodukte verwendet, und
unterstützen sie diese guten Absichten.

- Wechseln Sie zu einem Ökostromanbieter, falls Sie es noch
nicht getan haben.

Einfache erste Schritte

1 **Mit Essig oder Wodka putzen.**
(siehe Seite 200–201). Sie können
auch nach einem umweltfreundlichen Allzweckreiniger suchen.

2 **Putzmittel selbst herstellen.**

3 **Kleider lüften und weitertragen.**
Werfen Sie nicht automatisch alles
nach einmaligem Tragen in den
Wäschekorb. Jeans brauchen noch
viel seltener gewaschen werden.

4 **Wäsche an der Leine trocknen.**
Die Sonne bleicht auch Weißes.

5 **Kleidung für die Trocken-
reinigung kennzeichnen.**
(siehe Seite 110)

6 **Natürlicher Mottenschutz.**
Hilfreich sind Seifenstücke oder
Zedernkugeln.

7 **Taschentücher zum
Sterilisieren sehr heiß bügeln.**

8 **Trocknerbälle aus Wolle testen.**
Verwenden Sie diese anstelle von
Trocknertüchern, damit die Wäsche
weich bleibt.

9 **Weichspüler durch Tafelessig
ersetzen.**

10 **Putzlappen aus Stoff.**
Sie sind eine großartige Alternative
zu Küchenpapier.

WAS ES ZU BEACHTEN GIBT

Bevor Sie auf müllfreie Reinigungsprodukte umsteigen, gibt es einige Dinge zu bedenken:

WERBUNG

Geben Sie Ihr Bestes, um den Marketing-Hype und die Werbung zu ignorieren! Sie brauchen keine separaten Putzmittel für Badewanne, Duschwände, Toiletten, Backofen oder Herd. Es geht auch einfacher, und nicht nur Ihr Putzschrank wird weniger überladen sein, auch Ihre Brieftasche wird sich voller anfühlen.

ANTIBAKTERIELLE PRODUKTE

Im Laufe der Jahre haben uns groß angelegte Marketingkampagnen glauben lassen, dass wir immer die neuesten Produkte brauchen, um Bakterien in unseren vier Wänden zu bekämpfen. In Wahrheit ist antibakterielle Seife bei der Abtötung von Keimen nicht wirksamer als normale Seife.[9] Der Begriff »antibakteriell« soll uns nur dazu verleiten, ein bestimmtes Produkt zu kaufen. Einige Experten glauben, dass es einen Zusammenhang zwischen unserer sterilisierten »antibakteriellen« Umgebung und einer Verschlechterung der allgemeinen Gesundheit gibt.[10]

GESUNDHEIT

Wenn Sie mehr wissen möchten, empfehle ich Ihnen, die (amerikanische) Datenbank von »Skin Deep« (siehe Seite 217) zurate zu ziehen. Hier finden Sie die Inhaltsstoffe unserer Reinigungs- (und Pflege-)produkte sowie eine Bewertung, wie gefährlich sie sein können und mit welchen Gesundheitsrisiken sie verbunden sind.[11]

Es lohnt sich auch, darüber nachzudenken, wie »sauber« unser Zuhause wirklich sein muss. Es ist völlig unnötig, nach höchsten Hygienestandards zu wohnen, und Wissenschaftler sind der Ansicht, dass die Chemikalienbelastung innerhalb unserer vier Wände höher ist als außerhalb! [12] Natürlich ist es schön, wenn es aufgeräumt, ansehnlich und sauber ist, doch wir müssen keine aggressiven, potenziell giftigen Chemikalien verwenden, um jede Oberfläche täglich zu reinigen.

SCHNELLE HELFER

Auch in der Welt der Reinigungsprodukte haben Wegwerfartikel im Laufe der Jahre zugenommen, und schnelle Helfer wie Feuchttücher werden immer beliebter. Doch die meisten enthalten Kunststoff und können nicht abgebaut werden. Werfen Sie also Feuchttücher niemals in die Toilette, sie verursachen enorme Verstopfungen im Abwassersystem.

DIE ZERO-WASTE-AUSRÜSTUNG

Es ist nicht nötig, alles selbst zu machen. Gehören Sie jedoch zu den Leuten, die genau wissen möchten, was ihre Putzmittel enthalten, würde ich es Ihnen empfehlen. Sie können aber auch fertige Produkte kaufen, vorzugsweise mit Öko-Siegel zum Nachfüllen oder in einer einfachen, kunststofffreien Verpackung. Ich habe beides. Wenn Ihr Unverpackt-Laden keine Reinigungsprodukte führt, suchen Sie online nach umweltfreundlichen Lösungen, die in Papier, Pappe, Glas oder Metall verpackt sind. Folgende Dinge benutze ich zum Putzen:

TAFELESSIG/ESSIGESSENZ

Dient als ...

• Allzweckreiniger

• Weichspüler

• Klarspüler

• Desinfektionsmittel

• Duschreiniger

• Rostentferner

Ich putze fast alles mit Essig – keine Sorge, der Geruch verschwindet nach etwa 20 Minuten. Sie können auch ein paar Tropfen Ihres bevorzugten ätherischen Öls zugeben, um den Essiggeruch etwas zu überdecken. Glücklicherweise gibt es in meinem Unverpackt-Laden jetzt Essigessenz zum Nachfüllen, aber bis vor Kurzem habe ich ihn einfach in Glasflaschen im Supermarkt gekauft und die Plastikdeckel recycelt. Wenn Sie sie nur in Kunststoff finden können, kaufen Sie den größten Behälter, den Sie sich leisten und lagern können.

Seien Sie aber vorsichtig! Mischen Sie niemals Essig mit Bleichmittel oder Wasserstoffperoxid. Diese Kombinationen setzen giftige Dämpfe frei. Mischen Sie auch keinen Essig mit Flüssigseife oder Backpulver, da sich die Reinigungseigenschaften dann gegenseitig aufheben.[13]

Befolgen Sie für die Herstellung eines Allzweckreinigungssprays für Küchenarbeitsplatten, Spülen, Böden, Duschen, Spiegel und vieles mehr das Rezept auf S. 200. Für Granit- oder Marmoroberflächen ist es aber nicht geeignet. Hier empfehle ich Wodkaspray (siehe Seite 201).

Geben Sie anstelle von Weichspüler einfach einen Spritzer Essig mit in die Wäsche.

Als Klarspüler in der Spülmaschine Essigessenz in das Klarspülfach geben.

Zur Pflege des Geschirrspülers lassen Sie ihn einmal im Monat leer laufen. Geben Sie nach 20 Minuten eine Tasse Tafelessig in den Innenraum und schließen Sie die Tür wieder, um den Vorgang zu beenden. Dieser Tipp kam von einem Mann, der Spülmaschinen wartet und dessen Frau die Menge an chemischen Reinigungsmitteln in ihrem Zuhause ebenfalls reduzierte. Lesen Sie in der Bedienungsanleitung für Ihr Gerät nach, ob Sie möglicherweise die örtliche Wasserhärte einstellen können. Auch dies erhöht die Reinigungswirkung.

Verwenden Sie unverdünnten Tafelessig als Desinfektionsmittel zur Reinigung von Schneidebrettern und Oberflächen. Einfach aufsprühen und abwischen.

Sprühen Sie Tafelessig als Duschreiniger zur Verhinderung von Schimmelbildung und zum Entfernen von Seifenschaum unverdünnt auf die Fliesen. Legen Sie den Duschkopf für 1 Stunde in verdünnte Essigessenz ein, um ihn zu entkalken, wenn nötig.

Zum Entfernen von Rost einfach unverdünnte Essigessenz auf die rostige Stelle sprühen und dann mit einer alten Zahn- oder Stahlbürste schrubben.

SPÜLMITTEL

Dient als …

- Spülmittel

- Oberflächenreiniger

- Bodenreiniger

- Allzweckreiniger

Ich lebe in einer Gegend mit hartem Wasser, und sämtliche hausgemachten Spülmittelrezepte, die ich ausprobiert habe, haben nicht funktioniert. Ich habe einmal versucht, Spülmittel aus Waschnüssen herzustellen (kleine braune Beerenschalen, die Saponin – eine natürliche Waschsubstanz – enthalten, das anstelle von Waschmittel verwendet werden kann), aber es hat bei mir nicht funktioniert. Die Waschnüsse haben nicht nur unser Geschirr nicht sauber gespült, sondern auch einen fauligen Geruch freigesetzt.

Biologisch abbaubare Flüssigseife ist eine beliebte Alternative zu Spülmittel, aber es hängt wirklich davon ab, wie hart oder weich Ihr Wasser ist. Flüssigseife gibt es häufig zum Nachfüllen und sie wirkt Wunder bei der allgemeinen Reinigung, hinterließ aber bei mir auf allem einen seltsamen Rückstand. Ich vermute, dass dies hauptsächlich auf das harte Wasser in unserer Gegend zurückzuführen ist. Probieren Sie diese Methoden einfach selbst aus, besonders, wenn das Wasser bei Ihnen weich ist. Ich habe festgestellt, dass ein umweltfreundliches Spülmittel zum Nachfüllen für mich perfekt ist, und ich muss nichts selber machen!

Informieren Sie sich in Ihrem örtlichen Unverpackt-Laden oder Bio-Supermarkt, ob es eine Auswahl an umweltfreundlichen Nachfüllprodukten zum Putzen gibt.

Zum Reinigen von Oberflächen, einschließlich Granit und Marmor, geben Sie einen Tropfen umweltfreundliches Spülmittel oder biologisch abbaubare Flüssigseife (vorzugsweise zum Nachfüllen) auf ein feuchtes, wiederverwendbares Tuch und wischen damit die Oberfläche ab. Bei Bedarf mit einem feuchten Tuch nachwischen.

Für die Böden einige Tropfen Spülmittel in einen Eimer mit warmem Wasser geben und wischen.

Verwenden Sie zum Reinigen der meisten Haushaltsgegenstände ein feuchtes Tuch oder einen Eimer mit warmem Wasser. Damit können Sie alles säubern, von Spielzeug bis hin zu matschigen Schuhen.

NATRON

Dient als ...

- Scheuerpaste

- Backofenreiniger

- Geruchsneutralisierer

- Waschpulver

Ich kann Natron zum Nachfüllen kaufen, aber es ist auch häufig in Papiertüten oder Pappkartons erhältlich.

Für eine Scheuerpaste mischen Sie Natron mit etwas Wasser zu einer cremig-festen Textur. Verwenden Sie sie zum Reinigen des Badezimmers oder für hartnäckigen Schmutz in der Küche.

Das Rezept für einen selbst gemachten Backofen- und Herdreiniger mit Natron finden Sie auf S. 205.

Zum Entfernen von Gerüchen auf Teppichen, Polstern oder Matratzen bestreuen Sie diese einfach mit Natron, lassen es 12–24 Stunden einwirken und saugen es dann gründlich ab.

Das Rezept für selbst gemachtes Waschpulver mit Natron finden Sie auf S. 203.

WASCHSODA

Dient als ...

• Geschirrspülpulver

• Waschpulver

Das auch als Reines Soda oder Bleichsoda bekannte Waschsoda ist ohne Kunststoffverpackung im normalen Handel schwer zu finden. Sie können es im Internet bestellen (Bezugsquellen s. ab S. 214), aber dann wird es natürlich mit einer zusätzlichen Verpackung geliefert. Erfreulicherweise habe ich entdeckt, dass ich Waschsoda aus Natron, das ich leicht zum Nachfüllen finde, auch selbst herstellen kann! Sie können sich glücklich schätzen, wenn Sie Waschsoda zum Nachfüllen oder in einer Pappschachtel zur Verfügung haben. Falls nicht, finden Sie ein Rezept auf S. 202.

Ich verwende Waschsoda eigentlich nur, um Geschirrspülpulver herzustellen, da ich es dort, wo ich wohne, nicht ohne Kunststoffverpackung finden kann. Umweltfreundliches Waschpulver kaufe ich lieber zum Nachfüllen oder in einer großen recycelbaren Papiertüte, aber vielleicht möchten Sie es ja auch selbst herstellen.

Das Rezept für Geschirrspülpulver mit Waschsoda finden Sie auf S. 204.

Das Rezept für Waschmittel mit Waschsoda finden Sie auf S. 203.

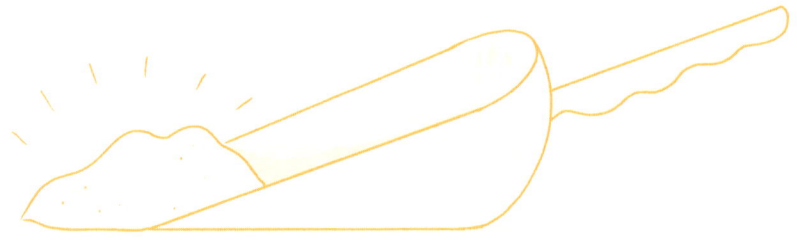

ZITRONENSÄURE

Dient als ...

- Geschirrspülmittel

- Urinsteinentferner

- Entkalker für Wasserkessel und Bügeleisen

Zitronensäure kaufe ich in einem einfachen recycelbaren Karton im Drogeriemarkt oder im Unverpackt-Laden zum Nachfüllen.

Das Rezept für Geschirrspülpulver mit Zitronensäure finden Sie auf S. 204.

Zur Entfernung von Urinstein streuen Sie Zitronensäure (etwa 125 g oder mehrere Löffel) in die Toilettenschüssel und lassen sie über Nacht einwirken. Am nächsten Tag alle Flecken und Ränder einfach mit der Toilettenbürste beseitigen. Ich habe verschiedene Möglichkeiten ausprobiert, um unsere Toilettenschüssel sauber zu halten, einschließlich des oft empfohlenen Essigs oder Natrons, aber nichts hat so gut gewirkt wie Zitronensäure.

STÜCKSEIFE

Dient als ...

- Hand- oder Körperreiniger

- Fleckenentferner

- Mottenschutzmittel

Für mich ist eine einfache Seife aus natürlichen Zutaten, die man minimal oder gar nicht verpackt kaufen kann, äußerst nützlich, da sie die meisten Dinge reinigt. Bevorzugen Sie Flüssigseife, suchen Sie nach biologisch abbaubarer Flüssigseife zum Nachfüllen. Oder stellen Sie Ihre eigene Flüssigseife her, indem Sie Seifenreste in heißem Wasser schmelzen. Seife sollte nie mit Essig vermischt werden, da sie dadurch unwirksam wird.

Zum Händewaschen und Duschen anstelle von Flüssigseife und Duschgel verwenden.

Um Flecken von der Kleidung zu entfernen, den Fleck nass machen und vor dem Waschen mit Seife einreiben.

Seifenstücke in Ihren Schubladen und Schränken geben der Kleidung einen frischen Duft und halten Motten fern.

HINWEIS ZU ÄTHERISCHEN ÖLEN

Ätherische Öle sind für eine Zero-Waste-Putzausstattung nicht unbedingt erforderlich, können aber eine schöne Ergänzung sein, vor allem wenn Ihnen schöne Düfte wichtig sind. Ich beschränke mich auf Teebaum-, Pfefferminz- und Rosmarinöl. Alle drei sollen antibakterielle Eigenschaften haben. Sie sind jedoch leider nur selten zum Nachfüllen erhältlich. Suchen Sie daher nach Angeboten in Glasflaschen mit minimaler Kunststoffverpackung. Alternativ können Sie auch frische Zitrusschalen in einem Glas Essig ziehen lassen und nach einer Woche zur Reinigung verwenden. Es duftet herrlich.

MEINE PUTZUTENSILIEN

Beim Putzen haben wir alle unterschiedliche Anforderungen und Standards. Suchen Sie daher nach Reinigungshelfern, die für Sie geeignet sind. Ich habe im Laufe der Jahre vieles verändert, aber meistens benutze ich folgende Ausrüstung:

Sprühflaschen aus Glas oder Metall. Ideal zum Nachfüllen Ihres selbst gemachten Allzweck-Reinigungssprays. Sie können auch eine normale Flasche wiederverwenden und einen Sprühkopf aufschrauben.

Waschbare Stofftücher. Wählen Sie wiederverwendbare Tücher anstelle von Feucht- und Papiertüchern. Vermeiden Sie Mikrofasertücher, da diese beim Waschen winzige Kunststoffpartikel freisetzen, die in unsere Wassersysteme gelangen. Wiederverwendbare Tücher aus Zellstoff – eine kunststofffreie Alternative zu Mikrofasertüchern, die biologisch abgebaut werden können – sind eine weitere Option. Alle Lappen oder Tücher aus natürlichen Materialien sind zum Putzen geeignet.

Alte Zahnbürsten. Hervorragend zum Schrubben schwer zugänglicher Bereiche und für Wasserhähne und Duschköpfe.

Toilettenbürste. Wählen Sie eine aus Holz mit Naturborsten.

Stahlwolle-Topfreiniger. Geeignet für hartnäckige Flecken. Kann recycelt werden.

Spülbürste aus Holz. Suchen Sie nach natürlichen Borsten, die später kompostiert werden können. Sie benötigen eine normale Spülbürste und eine Flaschenbürste.

Gummiwischer. Ideal zum Abwischen von Wasserrückständen auf Glasflächen oder Spiegeln. Suchen Sie nach einem Wischer aus Stahl und Naturkautschuk.

Naturlatex-Handschuhe. Schützen die Hände beim Putzen. Suchen Sie nach solchen aus natürlichem, FSC-zertifiziertem Latex, die in einer einfachen Pappschachtel verpackt sind.

Beutelloser Staubsauger. Wenn Sie Teppiche haben, werden Sie nicht ohne auskommen. Wählen Sie den besten, den Sie sich leisten können.

Müllbeutel aus Papier. Entweder eine Papiertüte upcyceln, mithilfe von Online-Tutorials lernen, sie aus Zeitung herzustellen, oder welche kaufen.

Zweimal im Monat lassen wir eine Reinigungskraft kommen. Sie verwendet nur Tafelessig, Natron und Stofftücher. Sie arbeitet für ein ökologisches Reinigungsunternehmen, das ich gerne unterstütze. Wenn Sie ebenso ungerne putzen wie ich, sollten auch Sie darüber nachdenken, ein solches Unternehmen zu unterstützen. Ich kann Ihnen versichern, es ist das Geheimnis einer glücklichen Ehe!

WAS TUN MIT ALTEN REINIGUNGSMITTELN?

Wir werden uns später in diesem Kapitel noch eingehender mit dem Entrümpeln befassen. Wenn Sie jedoch schon jetzt versuchen möchten, Ihr Zuhause von unerwünschten Reinigungsprodukten zu befreien, nachdem Sie sich für müllfreie Alternativen entschieden haben, könnten Sie versuchen, diese an Personen zu verschenken, die sie noch verwenden und sich darüber freuen würden. Wenn Sie sich dabei jedoch unwohl fühlen, können Sie die alten Produkte auch an den Hersteller zurücksenden – verbunden mit dem Hinweis, warum Sie sie nicht mehr verwenden möchten.

WASCHTIPPS

Laut Fashion Revolution, einer unabhängigen Organisation, die sich für faire Arbeitsbedingungen in der Modebranche einsetzt, machen die Art und Weise, wie wir ein Kleidungsstück pflegen, 25 Prozent seines CO_2-Fußabdrucks aus.[14] Schlichte Veränderungen wie weniger waschen, an der Luft trocknen, Flecken entfernen, umweltfreundliche Waschmittel und die Wahl von Naturfasern können viel verändern.

In der Zero-Waste-Welt gibt es extreme Beispiele, etwa von Menschen, die Kastanien (!) sammeln und sie anstelle von Waschpulver verwenden. Wie Waschnüsse setzen sie im Wasser waschwirksame Substanzen frei. Ich bin mir allerdings nicht sicher, ob es nachhaltig oder realistisch ist, zu erwarten, dass möglichst viele Leute im Herbst Kastanien sammeln. Ich habe versucht, mein eigenes Waschpulver herzustellen (siehe Seite 203), bevorzuge jetzt aber Öko-Marken, die Nachfüllpackungen anbieten.

Die Verwendung von umweltfreundlichem Waschpulver hat dazu geführt, dass unsere Kleidung keine synthetischen Duftstoffe mehr enthält. Das hat aber nicht nur Vorteile. Für meine Gesundheit war es gut, aber aufgrund des sehr harten Wassers bei uns hat das Waschen bei 30 °C – was angeblich umweltfreundlicher ist – dazu geführt, dass unsere Kleidung ein wenig abgestanden roch. (Das Waschen bei 30 °C verbraucht 40 Prozent weniger Energie als das Waschen bei höheren Temperaturen pro Jahr.[15] Außerdem werden die Fasern durch kühleres Wasser nicht so stark strapaziert, und die Kleidung hält länger.) Am Anfang mussten wir unsere Kleidung öfter waschen und hofften jedes Mal, dass der Muffgeruch verschwand. Nach vielen Versuchen und unterschiedlichsten Waschmittelvarianten stellte ich schließlich fest, dass der Geruch nur bei einer höheren Waschtemperatur (etwa 40–50 °C) wirklich verschwand.

Zuerst hatte ich ein schlechtes Gewissen. Doch dann wurde mir klar, dass eine höhere Temperatur tatsächlich besser war. Wir hatten zu einem Ökostromunternehmen gewechselt und wir wuschen unsere Kleidung nun viel seltener als vorher, wodurch Ressourcen gespart wurden. Da wir unsere Kleidung zwischendurch immer wieder lüften, müssen wir noch weniger waschen. Wenn Sie in einem Gebiet mit weichem Wasser leben, ist es möglicherweise gar nicht nötig, Ihre Wäsche bei höheren Temperaturen waschen.

In den nasskalten Monaten, in denen wir auf unseren Trockner angewiesen sind, um nicht in einem mit Kondenswasser gefüllten Raum zu sitzen, in dem überall Kleidung drapiert ist, verwende ich Trocknerbälle aus Wolle. Sie verkürzen die Trocknungszeit und machen die Wäsche superweich.

EIN HINWEIS ZUR TROCKENREINIGUNG

Obwohl ich nicht sehr viel in die Reinigung bringe, gibt es einige Teile, die einmal im Jahr dort aufgepeppt werden müssen, wie z. B. mein Wintermantel oder ein schickes Kleid. Normalerweise bekommt man die Kleidungsstücke eingepackt in Plastikfolie wieder zurück. Ich habe jedoch einen Weg gefunden, um dies zu verhindern. Dazu packe ich alle zu reinigenden Kleider in einen wiederverwendbaren Kleidersack mit einem großen Schild, auf dem steht »Bitte kein Plastik«. Wenn ich die Kleider abhole, werden sie ohne weitere Verpackung in den Anzugbeutel gehängt, und ich gebe die Kleiderbügel zur Wiederverwendung an die chemische Reinigung zurück. Ich habe übrigens eine chemische Reinigungsfirma gefunden, die ungiftige chemische Reinigungsmethoden einsetzt und sich freut, dass ich meine Kleidungsstücke in einem wiederverwendbaren Kleidersack dorthin bringe.

DA GEHT NOCH WAS!

Die Vereinfachung Ihrer Putzgewohnheiten und -produkte ist eine Möglichkeit, den Hausmüll zu reduzieren. Versuchen Sie doch zusätzlich Folgendes, um auch den Wasser- und Energieverbrauch zu senken.

- **Duschen Sie kürzer, um Wasser zu sparen.**

- **Sammeln Sie Wasser für Pflanzen in einem Eimer während der Dusche.**
Dies ist vor allem in den Sommermonaten sinnvoll.

- **Stellen Sie die Klimaanlage/den Ventilator nachts aus.**
Versuchen Sie stattdessen, unter einem dünnen, leicht feuchten Laken zu schlafen. Das wirkt wunderbar kühlend und spart Energie.

- **Stellen Sie elektrische Geräte nachts aus.**
Wenn Sie WLAN, Fernseher und Telefonladegeräte vom Strom nehmen, sparen Sie Energie.

- **Könnten Sie Sonnenkollektoren installieren und Ihren eigenen Strom erzeugen?**

- **Drehen Sie die Heizung um ein paar Grad herunter.**
Decken und gemütliche Jacken halten genauso warm.

- **Bereinigen Sie Ihren E-Mail-Posteingang.**
Das Senden und Empfangen von E-Mails verbraucht Energie. Je weniger unerwünschte E-Mails, desto besser. Melden Sie sich von allen Newslettern ab, die Sie ohnehin nicht lesen.

SICH INFORMIEREN

VORÜBERLEGUNGEN

Zu diesem Zeitpunkt, insbesondere nach dieser ganzen Putzerei, werden Sie sich möglicherweise fragen, warum Sie mit all diesen Veränderungen überhaupt begonnen haben. Nun, Sie werden froh sein zu hören, dass die nächste Aufgabe darin besteht, die Füße hochzulegen!

Wenn ich mich ein wenig unmotiviert fühle, finde ich oft den nötigen Anstoß, wenn ich mir eine Dokumentation ansehe oder ein Buch zum Thema Müll lese. Ich weiß, ich weiß, das klingt jetzt nicht nach dem idealen Zeitvertreib, aber vertrauen Sie mir, so etwas kann Ihnen genau den nötigen Schubs verleihen und wirklich sehr interessant sein. Vorschläge zu meinen Lieblingsfilmen, Büchern und Blogs finden Sie im Abschnitt Service ab S. 214.

Einfache erste Schritte

1Sehen Sie sich eine Dokumentation an.

Schauen Sie sich die Dokumentation gemeinsam mit Ihrem Partner, Ihrer Familie oder Ihren Mitbewohnern an, sofern sie daran interessiert sind. Beginnen Sie mit dem Thema, für das Sie sich am meisten begeistern. Ist es Plastikmüll? Die Modebranche? Minimalismus? Die Mineralwasserindustrie?

2Besuchen Sie Ihre Stadtbücherei.

Schauen Sie nach, ob Sie interessante Bücher über ein müllfreies Leben ausleihen können oder suchen Sie im Internet nach gebrauchten Exemplaren. Wenn Sie ein Buch neu kaufen möchten, bestellen Sie es nicht im Internet, sondern unterstützen Sie Ihre Buchhandlung vor Ort. Und denken Sie an Ihren Stoffbeutel!

DA GEHT NOCH WAS!

- **Teilen Sie Ihre Erfahrungen.**
Kommentieren Sie in Ihrer Community oder in sozialen Netzwerken eine Dokumentation, die Sie als besonders wirkungsvoll und eindringlich erachten.

- **Wenn Sie einem Lesezirkel angehören, schlagen Sie ein Buch über Zero Waste vor.**

- **Starten Sie eine Kampagne oder Petition zur Einrichtung von mehr abfallsparenden Dienstleistungen.**
Weisen Sie auf müllverschwenderische Praktiken in Ihrer Nähe hin. Prüfen Sie, ob Sie die Lokalpresse oder regionale Politiker einbeziehen können.

- **Arbeiten Sie ehrenamtlich bei einer Wohltätigkeitsorganisation, die sich für die Bekämpfung müllintensiver Systeme einsetzt.**
Wenn Sie dazu keine Zeit haben, denken Sie doch über eine monatliche Spende nach.

AUSMISTEN!

Nachdem wir nun neue Gewohnheiten etabliert und wiederverwendbare oder kunststofffreie Alternativen eingeführt haben,
ist es an der Zeit, uns von der Unordnung zu befreien. Dies kann
einige Zeit in Anspruch nehmen, weshalb dies die einzige Aufgabe in dieser Woche sein wird. Ich ermutige Sie, zumindest einen
Anfang zu machen. Nehmen Sie sich ruhig Zeit, um Dinge loszu-
lassen, die Sie nicht mehr brauchen. Vertrauen Sie mir, Ihr
zukünftiges Ich wird es Ihnen danken!

AUSMISTEN

VORÜBERLEGUNGEN

Ich habe festgestellt, dass man nie aufhören sollte zu entrümpeln, aber im Laufe der Jahre wird die Menge immer geringer. Die wenigen Dinge, die jetzt den Weg in unseren Haushalt finden, sind sorgfältig durchdacht und auf Langlebigkeit ausgelegt. Ich miste wirklich gerne aus, aber meine organisatorischen Fähigkeiten diesbezüglich könnten durchaus noch ausgefeilter werden. Ich bin kein Minimalist und eigentlich kann ich mich auch an vielen Dingen erfreuen. Aber ich merke, dass ich mich leichter, weniger gestresst und im Allgemeinen glücklicher fühle, je weniger Zeug ich habe. Ich glaube auch, dass die meisten Menschen viel mehr besitzen, als sie benötigen. Brauchen wir wirklich einen Fernseher in jedem Zimmer? Wie viele der Kleidungsstücke in unserem Schrank tragen wir eigentlich regelmäßig? Und von dieser Krimskram-Schublade fange ich lieber gar nicht erst an!

Während manche Dinge uns Freude machen und uns an glückliche Momente erinnern können, kann das Horten von Dingen »nur für den Fall« manchmal ein Symptom für ein ganz anderes Problem sein – z. B. für die Trauer über den Verlust eines Familienmitglieds, eine traumatische Erfahrung, das Gefühl der Einsamkeit oder sogar eine Depression. Zu viel Zeug verursacht nicht nur Unordnung, es kann auch unseren Stresspegel erhöhen, da es unnötig viel Zeit und Energie für seine Reinigung oder für das Aufräumen binden kann.

Es mag erst mal unlogisch erscheinen, Dinge zu entsorgen, wenn es doch in diesem Buch um die Reduzierung von Müll geht. Aber genau das ist der Sinn des Ausmistens. Wir geben Sachen frei, die ungeliebt und unbenutzt in unseren Schränken oder in der Garage lagern und über die sich andere Menschen, die sie wirklich benutzen, freuen würden. Wir helfen dabei, den Gebrauchtwarenmarkt anzukurbeln: Kunden, die im Secondhand-Laden oder im Internet zuerst nach dem gewünschten Artikel suchen, kaufen keinen neuen.

Es kann uns auch die Augen für die schiere Menge an Sachen öffnen, von denen wir gar nicht wussten, dass wir sie aufbewahrten. Dies kann in Zukunft nützlich sein, denn wir stellen möglicherweise fest, dass wir nichts Neues kaufen müssen, da wir Ähnliches bereits zu Hause haben.

DAS IST ZU TUN

Jeder hat beim Ausmisten seine ganz eigene Vorgehensweise. Ob Sie Zimmer für Zimmer (Küche, Bad, dann vielleicht Schlafzimmer) oder Kategorie für Kategorie (Bücher, Kleidung, Spielzeug, Küchenutensilien, Reinigungsmittel) vorgehen, bleibt Ihnen überlassen. Ich gehe gerne einen Raum nach dem anderen an. Wichtig ist, dass Sie mit einer Kategorie oder einem Raum beginnen, die bzw. der Ihnen ziemlich einfach erscheint. Wenn Sie direkt zu Beginn schnelle Erfolge sehen, fühlt sich das, was Sie noch vor sich haben, nicht so unbezwingbar an.

BEVOR SIE BEGINNEN

Hinterfragen Sie alles! Nehmen Sie beim Entrümpeln jeden einzelnen Gegenstand in die Hand und fragen Sie sich:

Benutze oder brauche ich das wirklich?

Kann ich es verkaufen?

Kann ich es verschenken oder spenden?

Kann es repariert werden und wenn ja, werde ich es dann benutzen?

Kann ich es ohne schlechtes Gewissen entsorgen?

Habe ich es doppelt?

Kann ich auf eine digitale Version zurückgreifen oder diese in ein Online-Cloud-System laden?

Könnte ich das auch mieten oder leihen?

Einfache erste Schritte

1 **Sortieren Sie vor und legen Sie unterschiedliche Stapel an: »behalten«, »weiß noch nicht«, »spenden«, »verkaufen«, »recyceln« und »Müll«.**

Schwelgen Sie bei jedem Gegenstand, den Sie in die Hand nehmen, nicht zu lange in sentimentalen Erinnerungen. Starten Sie mit den Dingen, die Sie problemlos loslassen können, und beginnen Sie, das Gefühl von »weniger« zu genießen. Denken Sie daran, dass all diese Dinge verschwendet sind, wenn Sie sie nicht verwenden. Sie anderen zur Verfügung zu stellen, ist daher die nachhaltigste Option.

2 **Sammeln Sie sentimentale Erinnerungsstücke in einer Kiste.**

Brauchen wir wirklich all diese vielen Dinge, um uns zu erinnern? Manchmal genügt ein einziger kleiner Gegenstand, der uns einen bedeutenden Moment zurückbringt. Speichern Sie Fotos online oder erstellen Sie ein schönes Fotoalbum.

3 **Bringen Sie Ordnung in den Rest.**

Die Dinge, die Sie behalten wollen, sollten Sie geordnet und übersichtlich aufbewahren. Geben Sie allem ein »Zuhause«, einen Ort, an dem es lebt, wenn es nicht benutzt wird, und denken Sie daran, es nach Gebrauch immer wieder an die gleiche Stelle zurückzulegen. Dies erspart Ihnen nicht nur orientierungsloses Kramen in irgendwelchen Schubladen, sondern sorgt auch dafür, dass Ihr Zuhause aufgeräumt aussieht und eine ruhige Atmosphäre ausstrahlt. Außerdem kommen Sie so nicht in Versuchung, etwas neu zu kaufen, nur weil sie das Vorhandene in dem Durcheinander nicht finden können.

»BEHALTEN«

Versuchen Sie, nur das zu behalten, was Ihnen wirklich wichtig ist. Wenn es um Kleidung geht, probieren Sie sie an und seien Sie ehrlich zu sich selbst. Passt sie noch und fühlt sie sich gut an? Vermeiden Sie es, in die »Nur-für den-Fall«-Falle zu tappen. Zu oft bewahren wir Dinge für die seltenen »Was-wäre-wenn«-Szenarien auf. Überlegen Sie, wie oft in den letzten Jahren Sie dieses Teil tatsächlich getragen haben.

»WEISS NOCH NICHT«

Es ist unvermeidlich, dass Sie auf Teile stoßen, bei denen Sie sich nicht sofort entscheiden können. Geben Sie diesen Gegenständen etwas Zeit. Wenn ich meinen Mann oder Freunde nach einer zweiten Meinung frage, hilft mir das oft weiter. Ansonsten lagere ich diese Gegenstände ein paar Monate in einem Koffer und schaue, ob ich sie vermisse oder brauche. Wenn nicht, ist es Zeit, sie gehen zu lassen.

»VERKAUFEN«

Der Verkauf von Gegenständen, die Sie nicht mehr benötigen, trägt dazu bei, dass diese ihren Wert behalten und von jemand anderem geschätzt werden.

Bringen Sie hochwertige Kleidung zu einem Secondhand-Laden, wo Sie im Falle eines Verkaufs einen Prozentsatz des Verkaufspreises erhalten. Dadurch bleibt das gute Stück in Umlauf, wodurch eventuelle Neukäufe reduziert werden. Auch im Internet kann man gut gebrauchte Kleidung verkaufen und auch Wiederverkaufs-Apps sind weitverbreitet.

Fotografieren Sie Artikel, die Sie online verkaufen möchten, und weisen Sie auf Gebrauchsspuren hin. Je ehrlicher Sie sind, desto glücklicher wird der Käufer sein.

Verkaufen Sie die Dinge, die sich für einen Online-Verkauf nicht eignen, auf einem Flohmarkt. Meiden Sie jedoch die anderen Stände, egal wie verlockend sie auch sein mögen, damit Sie nicht direkt wieder neues Zeug anhäufen.

»SPENDEN«

Wenn etwas zu abgenutzt ist, um es zu verkaufen, oder es zu wenig Nachfrage gibt, dann spenden Sie es. Geschäfte gemeinnütziger oder kirchlicher Organisationen sind gute Anlaufpunkte, da sie fast alles annehmen und der Erlös einem guten Zweck zugutekommt.

Große Möbel oder sperrige Gegenstände werden manchmal auch von diesen Organisationen bei Ihnen abgeholt. Für diesen Service wird möglicherweise eine geringe Gebühr erhoben, die sich jedoch auszahlt!

Sie können natürlich auch Freunden und Verwandten Aussortiertes, das noch gut ist, anbieten. Aber belasten Sie sie nicht mit Gegenständen, die sie ebenfalls nicht brauchen können.

»RECYCELN«

Recyceln Sie alles, was möglich ist. Sie werden überrascht sein, was alles recycelt werden kann, darunter CDs, Telefone, kleine Elektrogeräte und sogar Glühbirnen.

Die meisten dieser Gegenstände müssen zu einer bestimmten Recyclinganlage oder einem speziellen Geschäft gebracht werden. Recherchieren Sie, wenn Sie auf etwas stoßen, das Sie normalerweise wegwerfen würden. Könnte es auch recycelt werden?

»MÜLL«

Es wird unweigerlich Dinge geben, die nicht aufbewahrt, verkauft, gespendet oder recycelt werden können. Akzeptieren Sie dies und nutzen Sie es als Mahnung, um in Zukunft besser einzukaufen. Versuchen Sie, das Lebensende jedes ab sofort gekauften Artikels zu berücksichtigen. Wenn möglich und wenn Sie sich bereit dafür fühlen, senden Sie den Artikel mit einer Begründung, wieso er nicht länger genutzt werden kann, an den Hersteller zurück. (Ich werde in Woche 6 näher darauf eingehen, siehe Seite 132–142.)

UND IN ZUKUNFT?

Sie haben also ausgemistet, viele Sachen verkauft, gespendet, recycelt und neu organisiert. Was für eine Aufgabe! Aber das alles wird umsonst gewesen sein, wenn Sie Ihre Kaufgewohnheiten nicht ändern. Es gibt jedoch einfache und effektive Maßnahmen, um die Menge der Dinge, die Sie anschaffen, zu begrenzen.

• Hören Sie auf, nur um des Shoppens willen Sachen zu kaufen. Oft stöbern wir aus Langeweile in den Einkaufsstraßen oder Onlineshops herum. Machen Sie doch stattdessen einfach etwas anderes: Backen, mit Freunden essen gehen, ein neues Hobby erlernen.

• Vermeiden Sie Spontankäufe. Schlafen Sie eine Nacht drüber und prüfen Sie, ob Sie die Sache wirklich kaufen wollen. Vielleicht können Sie sie ja auch ausleihen, mieten oder einfach komplett darauf verzichten.

• Versuchen Sie, sich möglichst wenig Werbung auszusetzen. Ich weiß, das hört sich unmöglich an, aber je weniger Zeitschriften Sie lesen oder je weniger Sie fernsehen, desto unwahrscheinlicher ist es, dass Sie neue Dinge kaufen möchten. Warum sollten Sie Ihr hart verdientes Geld für Produkte ausgeben, die Ihr Zuhause überladen und wahrscheinlich mit toxischen Begleiterscheinungen verbunden sind?

• Lernen Sie, sorgsam mit Ihren Sachen umzugehen. Wenn möglich oder nötig, lassen Sie sie reparieren oder ändern. Halten Sie sie sauber und befolgen Sie die Pflegehinweise. Dadurch bleiben sie nicht nur länger im Einsatz, sondern wir unterstützen auch Handwerker und Reparaturdienstleister.

• Machen Sie mit bei der Sharing Economy. Die meisten Dinge können gemietet oder ausgeliehen werden, sei es ein Auto, ein Fahrrad, Werkzeuge, Fotoapparate, Technik, Kleidung, Babyartikel, Spielzeug, Campingausrüstung, Ferienhäuser oder Bücher. Fragen Sie Freunde und Familie oder recherchieren Sie im Internet.

• Wenn Sie etwas wirklich brauchen, kaufen Sie es gebraucht oder neu von einem verantwortungsvollen Hersteller, den Sie unterstützen möchten. Dinge zu kaufen, die wir wirklich benötigen, ist nicht schlecht – aber der sinnlose Konsum von Unnötigem ist es.

DA GEHT NOCH WAS!

Das Ausmisten ist ein fortlaufender Prozess, aber ich finde, dass es im Laufe der Zeit immer weniger zu tun gibt. Wenn Sie bereits gut organisiert sind, versuchen Sie Folgendes:

• Limitieren Sie Ihre Ausgaben.
Legen Sie ein wöchentliches oder monatliches Budget für Lebensmitteleinkäufe, das Begleichen von Rechnungen und alle wichtigen Dinge für Schule, Arbeit und Freizeit fest. Limitieren Sie die Ausgaben für alles, was nicht wirklich notwendig ist.

• Gehen Sie alles durch, das Sie woanders untergebracht haben.
Bewahren Sie Dinge in einem Lager oder im Haus Ihrer Eltern auf? Dann ist jetzt der Zeitpunkt gekommen, auch dort auszumisten.

• Misten Sie Ihre sozialen Netzwerke aus.
Bleiben Sie nur in denen, die Ihnen wirklich Spaß machen und die Sie inspirieren.

• Gönnen Sie sich einen Digital Detox.
Verzichten Sie für ein Wochenende auf Smartphone, Computer und Fernseher.

• Entrümpeln Sie Computer und Festplatten.
Das erspart Ihnen später den Kauf weiteren Speicherplatzes.

KOMPOSTIEREN & ETWAS TUN!

Diese Woche dreht sich alles um die Magie des Kompostierens und darum, ein aktiver Bürger zu sein. Möglicherweise haben Sie bereits mit dem Kompostieren begonnen, insbesondere wenn Sie das Glück haben, über einen Abholservice oder einen großen Garten zu verfügen. Aber für diejenigen unter Ihnen, die es bisher entweder vor sich hergeschoben oder nur eingeschränkte Möglichkeiten haben, ist es jetzt an der Zeit, über Maßnahmen nachzudenken, die Kompostierung endlich in Angriff zu nehmen.

KOMPOSTIEREN

VORÜBERLEGUNGEN

Es hat eine Weile gedauert, bis ich angefangen habe zu kompostieren, und ich bedaure, es nicht schon früher getan zu haben. Für unsere kleine Stadtwohnung habe ich mir einen stylischen Wurmkomposter im Skandi-Stil gegönnt (er sieht überhaupt nicht aus wie ein Komposter). Er kann sowohl im Haus als auch im Freien betrieben werden. Dann habe ich mir eine Tüte Kompostwürmer im Internet bestellt, die ein paar Tage später in einem Umschlag mit etwas Erde eintrafen. Ich musste sie nur noch mit ein paar angefeuchteten Papier- oder Pappfetzen, etwas zusätzlicher Erde und einigen Essensresten in ihrem neuen Zuhause unterbringen, und schon fühlten sie sich wohl. Innerhalb weniger Wochen konnten sie den größten Teil unserer Lebensmittelabfälle verarbeiten (mit Ausnahme von Fleisch, Milch und Zitrusschalen).

Die Kompostierung von Lebensmittelabfällen ist natürliches Recycling. Dadurch wird die tatsächliche Abfallmenge drastisch reduziert. Sie werden feststellen, wie wenig Sie noch wegwerfen müssen (insbesondere, wenn Sie alle anderen Schritte bisher befolgt haben).

DAS IST ZU TUN

Der beste Rat, den ich jedem zur Kompostierung geben kann,
ist, einfach loszulegen. Sie werden nach und nach dazulernen, und
es gibt im Internet bei Bedarf eine Fülle von Informationen
und Tipps bei Problemen.

BEVOR SIE BEGINNEN

Finden Sie heraus, was es an Entsorgungsmöglichkeiten an Ihrem
Wohnort gibt. Auf den folgenden Seiten werde ich Ihnen einige der
möglichen Alternativen vorstellen.

Einfache erste Schritte

1 Nutzen Sie einen Komposter.
Beginnen Sie so schnell wie möglich.

2 Benutzen Sie das verwendete Kompostiersystem korrekt.
Bei einem Wurmkomposter müssen Sie beachten, was Sie hineingeben. Vermeiden Sie Schimmel, Feuchtigkeit oder Nahrungsmittel, die die Würmer nicht mögen. Wenn Sie in Ihrem Garten kompostieren, sollten Sie sich vorher informieren, was erfolgreich kompostiert werden kann und was nicht.

3 Erziehen Sie andere.
Informieren Sie Partner/Familienmitglieder/Mitbewohner darüber, was in den Kompostbehälter darf und was nicht. Erstellen Sie einen praktischen Leitfaden oder eine Liste, die bei Bedarf zur Hand ist.

KOMPOSTABHOLUNG

Eine Biotonne, in der Grünschnitt und Küchenabfälle gesammelt und abgeholt werden, ist natürlich die einfachste Lösung, vor allem für Stadtbewohner. Sie sollten Sie verwenden, wenn Ihre Gemeinde sie zur Verfügung stellt. Möglicherweise benötigen Sie einen bestimmten Kompostbehälter von Ihrer Gemeinde, fragen Sie also zuerst nach. Jeder Standort hat andere Regeln, was er annehmen kann und was nicht. Machen Sie sich daher mit den örtlichen Richtlinien für die Kompostabholung vertraut. Häufig dürfen Fleisch, Milchprodukte und Knochen, die in Ihrem Haus- oder Wurmkomposter schwer zu kompostieren sind, in die Biotonne. Gibt es einen solchen Service in Ihrer Gemeinde nicht, können Sie immer noch nach einem privaten Kompost-Sammeldienst suchen und diesen abonnieren.

KOMPOSTSAMMELSTELLEN

In einigen Städten oder Bezirken gibt es spezielle Sammelstellen, z. B. Bauernmärkte, an denen kompostierbare Abfälle abgegeben werden können. Ich mag diese Idee, da der Kompost dann meist direkt an die Bauern zurückgeht. Wenn sich in Ihrer Nähe eine solche Kompoststammelstelle befindet, Sie diese jedoch nur einige Male im Monat besuchen können, versuchen Sie, Ihre Essensreste einzufrieren, damit sie nicht verrotten und Schädlinge anlocken. Bewahren Sie sie in einem Behälter im Gefrierschrank auf. Nehmen Sie den Behälter dann einfach mit oder legen Sie den gefrorenen Lebensmittelabfall in eine kompostierbare Papiertüte.

WURMKOMPOSTER

Gibt es in Ihrer Nähe keine Kompost-sammelstelle, ist meines Erachtens die Verwendung eines Wurmkomposters die nächstbeste Option. Es gibt sie inzwischen in den unterschiedlichsten Looks (einige sehen sogar wie Möbelstücke aus). Sie können sie entweder im Internet oder in Ihrem Gartencenter vor Ort kaufen. Wenn Sie gerne handwerklich tätig sind, können Sie sie auch ganz leicht selbst bauen, indem Sie vorhandene Kunststoffbehälter weiterverwenden und mit Löchern versehen (s. Service ab S. 214).

Achten Sie zu Beginn darauf, welche Lebensmittel Ihre Würmer meiden (es sieht dann so aus, als würden sie versu-chen, dem zu entkommen, was Sie kürzlich hinzugefügt haben), und halten Sie ein ausgewogenes Verhältnis zwischen Grün (Gemüse- und Obstreste, loser Tee und Kaffeesatz, gewaschene und zerkleinerte Eierschalen) und Braun (Zeitung, braunes Papier, Pappe, Haare, Finger- und Fußnä-gel, Stoffreste aus Naturfasern). Ich lege neue Essensreste gerne in eine Ecke und sehe dann, ob sie sie mögen.

Über die kompostierte Erde freuen sich Ihre Topfpflanzen, Ihr Garten oder Freunde und Verwandte. Sie können sie sogar kos-tenlos im Internet verschenken.

BOKASHI

Dieses System basiert auf einem speziel-len kleieähnlichen Pulver voller nützlicher Mikroorganismen, die Speisereste fermen-tieren und eine Art Vorkompost erzeugen. Der Vorteil der Bokashi-Kompostierung ist, dass sie auch Fleisch und Milchprodukte zersetzen kann.

Sie müssen regelmäßig Beutel mit Bokashi-Kleie kaufen, da für jede Zugabe von Lebensmittelabfällen eine Handvoll Kleie zugegeben werden muss. Da nur so wenig Sauerstoff wie möglich daran gelangen darf, müssen Sie den Deckel jedes Mal wieder fest verschließen. Jeden zweiten Tag muss das Sickerwasser (das ein Nebenprodukt des anaeroben Kompostierungsvorgangs ist) abgelassen werden. Vergewissern Sie sich daher, dass Ihr Bokashi-Eimer über ein Ablassventil verfügt. Nachdem die Speisereste fest verschlossen etwa zwei Wochen lang fermentiert wurden, ist der Inhalt – obwohl noch erkennbar – zu einer Art »Vorkom-post« geworden. Dieser kann im Garten vergraben oder in Ihren Wurmkomposter gegeben werden.

Am besten funktioniert Bokashi also zusammen mit einem Wurmkomposter, da er Fleisch und Milchprodukte sozu-sagen »vorverdaut« und den Prozess der

Zersetzung beschleunigt. Bokashi alleine ist für mich nicht geeignet, besonders bei begrenztem Platz im Freien und keinem Ort, an dem man die fermentierten Reste vergraben kann. Achten Sie auch auf den Geruch. Bei korrekter Vorgehensweise riecht es leicht säuerlich und hefig, funktioniert der Bokashi nicht richtig, tränen Ihnen die Augen.

ELEKTRISCHER KOMPOSTER

Leider scheint es nicht viele davon auf dem Markt zu geben, aber wenn Sie darüber nachdenken, sollte ich erwähnen, dass sie durch den Stromverbrauch im Unterhalt etwas teurer sind und meist Filter benötigen, die gewechselt werden müssen. Auch die Komposter selbst sind eine etwas teurere Investition – allerdings können sie auch alles innerhalb kürzester Zeit (von einigen Stunden bis zu einigen Tagen) verarbeiten, einschließlich Fleisch, Milchprodukten und Zitrusfrüchten.

KOMPOSTIEREN IM FREIEN

Nutzen Sie Ihren Garten, wenn er groß genug ist. Wählen Sie einfach eine Stelle aus und schichten Sie grünes und braunes Material aufeinander. Ein alter Behälter mit Deckel und entnommenem Boden reicht völlig aus. Natürlich können Sie Kompostbehälter auch kaufen. Nur bei Kompostbehältern mit Boden müssen Sie Kompostierungswürmer hinzufügen, um den Prozess in Gang zu setzen.

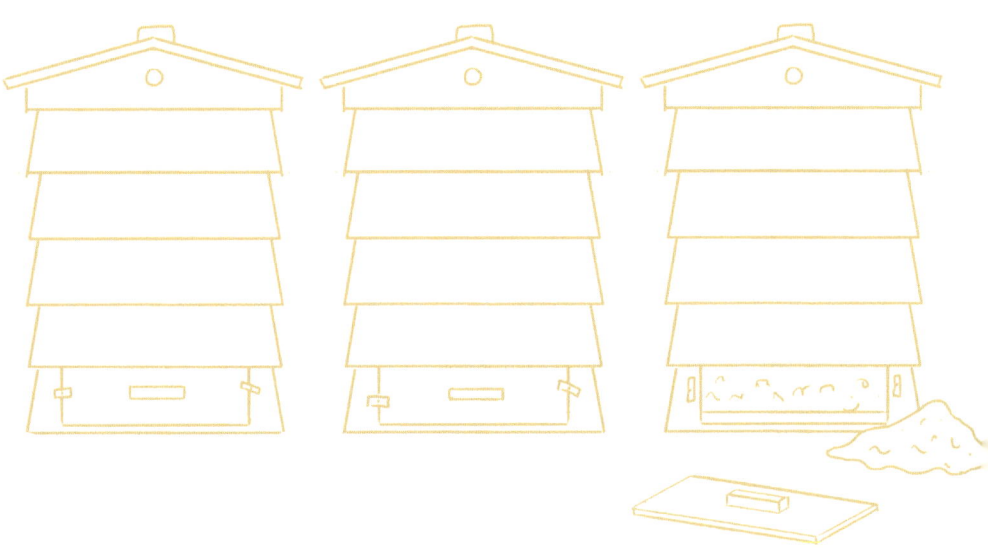

DA GEHT NOCH WAS!

Auch wenn Sie bereits kompostieren oder das Gefühl haben,
dass Ihnen keine weiteren Möglichkeiten zur Verfügung
stehen – Sie können noch mehr tun.

- **Richten Sie einen Komposter für Haustierabfälle ein.**
Wenn Sie einen Garten und ein Haustier wie einen Hund oder ein
Kaninchen haben, können Sie einen speziellen Komposter für
Haustierabfälle und -kot einrichten. Verwenden Sie den Kompost
aber nicht für essbare Pflanzen und kompostieren Sie keinen
Katzenkot (siehe Seite 216).

- **Regen Sie bei der Gemeinde einen Sammeldienst für Lebensmittelabfälle an.** Selbst wenn es bedeutet, dass Sie einmal im
Monat eine E-Mail an die Verantwortlichen schreiben müssen.

- **Könnten Sie einen Abholservice für Lebensmittelabfälle
einrichten?** Wenn es in Ihrer Region noch keinen gibt, wäre
dies doch eine gute Idee.

- **Stellen Sie einen Lebensmittelabfallbehälter auf, wenn Sie
ein Restaurant oder einen Lebensmittelladen führen.**
Vereinbaren Sie die Abholung zur Kompostierung.
Für Geschäftsleute wird eine solche Dienstleistung
vielfach angeboten.

ETWAS TUN!

VORÜBERLEGUNGEN

Frustrationen werden nicht ausbleiben. Wirken Sie dem entgegen, indem Sie aktiv Maßnahmen ergreifen, sei es, indem Sie Müll von der Straße aufheben, einen Vortrag halten oder einem Unternehmen eine E-Mail schreiben – es gibt einige Möglichkeiten, positiven Einfluss zu üben.

DAS IST ZU TUN

Seien Sie kreativ und überlegen Sie, welche Veränderungen Sie außerhalb Ihres Heims vornehmen können. Dies hilft nicht nur der Allgemeinheit, sondern kann auch Ihre Motivation auffrischen und Ihnen das Gefühl geben, dass sich Ihre Bemühungen wirklich lohnen.

BEVOR SIE BEGINNEN

Treten Sie einer lokalen Zero-Waste-Gruppe bei. Bei Veranstaltungen, Vorträgen und allgemeinen Treffen können Sie Gleichgesinnten begegnen und sich gegenseitig moralisch unterstützen.

Einfache erste Schritte

1 Schreiben Sie einen Brief.

Wählen Sie einen Hersteller, dessen Verpackung Ihrer Meinung nach verbessert werden könnte. Legen Sie die Verpackung bei, um Ihr Anliegen zu betonen.

2 Sammeln Sie Müll.

Entweder alleine, mit Freunden oder innerhalb einer organisierten Gruppe. Reinigen und recyceln Sie so viel wie möglich.

3 Nutzen Sie Ihre Fähigkeiten,
um das zu verbreiten, was Sie bisher gelernt haben.

Schreiben Sie einen Artikel für eine regionale Zeitung, halten Sie einen Vortrag, schauen Sie sich mit Freunden einen Dokumentarfilm an, den Sie bewegend fanden, oder veranstalten Sie selbst einen Filmabend. Was auch immer Sie mögen, tun Sie es!

IST ALLES UMSONST?

Sie benutzen nun also wiederverwendbare Produkte, kaufen alles unverpackt und haben Ihr Zuhause entrümpelt. Aber trotz all dieser positiven, lebensverändernden Aktionen ist die Welt noch immer voller Müll und vor allem voller Kunststoff! Sobald Sie es einmal bemerkt haben, können Sie das nicht mehr »nicht sehen«.

Ein Spaziergang wird begleitet von Plastikwasserflaschen am Straßenrand, Plastiktüten in den Bäumen und im Fluss treibenden Verpackungen. Ich bin jedes Mal geschockt, wie viele Einwegartikel allein auf einem Kurzstreckenflug ausgegeben werden. Der Servicewagen mit kunstvoll gestapelten Plastikbechern, Plastikwasserflaschen, mit Plastik ausgekleideten Kaffeetassen mit Plastikdeckeln, Plastikrührern, in Plastik eingewickelten Sandwiches, mit Plastik überzogenen Schokoladentafeln und Snacks rollt an mir vorbei. Nur wenige Augenblicke später folgen zwei große Plastiksäcke, in denen alle Gegenstände, die erst vor wenigen Minuten so sorgfältig auf dem Wagen gestapelt waren, wieder eingesammelt werden. Seien Sie versichert, ich bin mir meiner CO_2-Auswirkungen bei Überseeflügen voll bewusst. Doch zu der Menge an Öl, Wasser und Kohlendioxid kommt noch der Müll in Form von Einweg-Werbegeschenken, überverpackten Verbrauchsmaterialien und Einwegartikeln hinzu. Bin ich die Einzige, die das sieht?

Dies ist leider ein unvermeidlicher Bestandteil des Zero-Waste-Lebensstils. Gedanken wie »Warum mache ich das alles, wenn es so viel Müll auf der Welt gibt?« schleichen sich von Zeit zu Zeit ein. Das Gefühl, womöglich zu scheitern, macht sich breit, insbesondere wenn Sie nicht umhin kommen, etwas Verpacktes zu kaufen, oder wenn ein Strohhalm in Ihrem Getränk landet, obwohl Sie ausdrücklich gesagt hatten, dass Sie keinen möchten. Diese frustrierenden Gefühle sind völlig normal, aber mit der Zeit werden sie weniger. Ich denke stattdessen lieber an all die positiven Veränderungen, die ich in meiner eigenen kleinen Welt vorgenommen habe, und auch daran, mit wie viel mehr Müll als heute ich noch vor wenigen Jahren zu diesem Problem beigetragen habe.

Möglicherweise werden Sie auch bemerken, dass Gespräche mit Freunden und Familienmitgliedern etwas schwieriger werden. Es ist nicht einfach, bewunderndes Interesse an dem neuen Oberteil oder den neuen Schuhen Ihrer Freundin kundzutun, während Ihr interner Monolog ungefähr so aussieht: »Dein Oberteil besteht aus Polyester, einem Kunststoff, der sich nicht biologisch abbaut, und wahrscheinlich hat der unterbezahlte Hersteller seine Bekleidungsstücke schädlichen, giftigen Chemikalien ausgesetzt, die nicht nur deine Gesundheit beeinträchtigen, sondern auch Gewässer und Umwelt verschmutzen … und ich darf gar nicht an die Mikroplastikteilchen denken, die beim Waschen freigesetzt werden!« Aber weisen Sie andere auf keinen Fall zurecht. Sie würden sich nur angegriffen fühlen. Gehen Sie stattdessen mit gutem Beispiel voran. Wenn Sie selbst nachhaltige und biologische Marken oder Secondhand-Kleidung tragen, kann dies anderen durchaus gefallen, und Sie hören Komplimente wie »Dein Oberteil ist super, woher hast du es?« Wenn jemand ein Interesse an Ihrem Lebensstil zeigt, sollten Sie unbedingt darauf eingehen. Aber belehren Sie niemanden!

Es kann auch passieren, dass man zu schnell zu perfekt sein möchte. Dies wird aber schnell frustrierend, und die Bemühungen schlagen eher ins Gegenteil um, weil man zu hohe Erwartungen hat, die nicht zu erfüllen sind! Konzentrieren Sie sich auf das Positive und denken Sie, wenn möglich, immer daran, dass Sie in diesem Moment Ihr Bestes geben. Perfektion wird überbewertet.

SO SCHREIBT MAN EINEN BRIEF

Unabhängig davon, wie emsig wir wiederverwenden und Verpackungen reduzieren, einige Kunststoffverpackungen werden dennoch auf magische Weise in unser Leben treten. Möglicherweise wird eine Online-Bestellung in Kunststoff eingewickelt geliefert oder ein wiederverwendbarer Artikel, mit dem der Abfall reduziert werden soll, ist in einer nicht wiederverwertbaren Schachtel verpackt. Was auch immer es ist, denken Sie zunächst daran, dass dies nicht Ihre Schuld ist. Ich habe viel zu lange damit verbracht, mich wegen Plastikteilen schuldig zu fühlen, die ich bekam, bis ich mich an all die anderen erstaunlichen Veränderungen erinnerte, die ich mir angewöhnt hatte. Dieser kleine beleidigende Plastikgegenstand lag ganz sicher außerhalb meiner Verantwortung.

Ich habe einen guten Weg gefunden, auf unerwünschte Verpackung zu reagieren. Ich nehme sie zum Anlass, den Hersteller zu kontaktieren und schlage ihm eine Alternative vor. Oft schicke ich auch die Verpackung mit zurück und fordere das Unternehmen auf, sie »verantwortungsbewusst« zu entsorgen. Die Postangestellte unserer Filiale fragt aus Sicherheitsgründen immer, was sich in einem Paket befindet, und ich denke, sie kann mittlerweile erraten, wie meine Antwort lautet: »Verpackung«.

Kundenfeedback ist für jedes Unternehmen wichtig. Ein Freund wusste mir von einem Branchenkenner zu berichten, der ihm erzählt hatte, dass ein Unternehmen sich bei jeder Kundenkritik 10.000 andere Menschen vorstelle, die das Gleiche denken, sich aber nicht die Mühe machen, es mitzuteilen. Angesichts der zunehmenden Verbreitung sozialer Netzwerke, die es einem extrem leicht machen, einem Unternehmen seine Meinung zu sagen, können Sie also wirklich etwas verändern, wenn Sie sich einen Moment Zeit nehmen und eine Nachricht versenden.

Einige mögen argumentieren, dass die Rücksendung von Verpackungen eine Verschwendung weiterer Ressourcen (Briefumschläge, Papier, Kraftstoff) darstelle, aber ich bin der festen Überzeugung, dass diese einfachen Maßnahmen die potenziell größeren Auswirkungen wieder wettmachen. Ein namhafter Hersteller beispielsweise, der nicht recycelbare Chipstüten zurückbekam, hat angekündigt, seine Verpackung innerhalb eines Jahres auf eine recycelbare Alternative umzustellen. Ich selbst habe die Erfahrung gemacht, dass auf meine Anregungen hin die Geschäfte vor Ort Mehrwegartikel auf Lager haben und andere Kunden zum Nachfüllen anregen. Sogar ein Waschpulverhersteller entfernte die Plastikschaufel, die bisher in jedem Paket enthalten war.

Halten Sie Ihren Brief an eine Firma kurz und bündig. Ich wähle gerne den »Sandwich«-Aufbau und achte auf einen respektvollen und höflichen Ton.

Obere Lage. Beginnen Sie mit einem Kompliment, zum Beispiel, warum Sie die Marke oder die Produkte so lieben.

Füllung. Nennen Sie den Grund des Briefes und Ihr Problem mit der Verpackung.

Untere Lage. Schlagen Sie alternative Lösungen vor und geben Sie, wenn möglich, Beispiele für ähnliche Marken, die es besser machen (nichts bietet mehr Anreize für Veränderungen als ein klein wenig Konkurrenz!). Zeigen Sie den Nutzen einer Änderung auf, z. B. durch Einsparung von Unternehmensgeldern oder stärkere Kundenbindung durch verbessertes Markenimage.

Ich vermeide es, zu sehr auf ökologische Details einzugehen. Dies wird oft als ziemlich »schwer« empfunden. Stattdessen erwähne ich kurz, dass ich als Kundin nicht in der Lage bin, den Artikel verantwortungsbewusst zu entsorgen, und mich freuen würde, wenn das Unternehmen etwas ändern würde. Meine Kontaktdaten schreibe ich nicht dazu, da ich die Erfahrung gemacht habe, dass ich meist nur einen vorformulierten Antwortbrief erhalte, der hauptsächlich Ausreden dafür enthält, warum etwas auf bestimmte Weise verpackt wird. Mit diesem Brief gelangt dann also noch mehr Müll zu mir.

Wenn es Ihnen zu umständlich vorkommt, einen Brief zu schreiben, versenden Sie stattdessen eine E-Mail oder nutzen Sie das Kontaktformular des Unternehmens. Es sollte nicht länger als 10 Minuten dauern, online zu gehen und eine Nachricht im beschriebenen »Sandwich«-Stil zu verfassen. Fügen Sie nach Möglichkeit ein Bild der Verpackung, des Musters oder Artikels bei, um Ihr Anliegen deutlich zu machen.

Schließlich gibt es auch noch die sozialen Netzwerke. Ich beschränke meine Internetzeit, aber ich finde es sinnvoll, mich an ein Unternehmen zu wenden, da viele engagierte Mitarbeiter bereitstehen, um das Feedback der Kunden in den sozialen Netzwerken zu bearbeiten. Sie können auf solchen Plattformen auch wunderbar andere miteinbeziehen, wenn Sie Ihre Nachricht öffentlich posten. Kommentare und Likes anderer Nutzer zeigen dem Unternehmen, dass Sie nicht der Einzige sind, der sich mit umweltschädlichen Verpackungen und anderen müllintensiven Gewohnheiten beschäftigt. Aber denken Sie daran, immer höflich zu bleiben. Je mehr Sie schimpfen und zetern, desto weniger wird man Sie ernst nehmen.

Obere Lage: Ich beginne mit einem Kompliment (etwa warum ich die Marke oder die Produkte so liebe).

Füllung: Hier komme ich zum Grund des Briefes und mein Problem mit der Verpackung.

Untere Lage: Schließlich schlage ich alternative Lösungen vor und gebe, wenn möglich, Beispiele für ähnliche Marken, die es besser machen.

Liebe Waschpulverfirma,

seit vielen Jahren bin ich ein großer Fan Ihres Produkts. Ich mag es sehr, dass Sie natürliche Zutaten verwenden, und ich bin absolut beeindruckt von den Ergebnissen.

Ich würde das Produkt gerne weiterhin unterstützen, frage mich aber, ob Sie schon einmal eine kunststofffreie Verpackungsalternative in Betracht gezogen haben, die sich problemlos recyceln lassen würde. Ihre aktuelle Verpackung ist als »nicht recycelbar« gekennzeichnet. Ich wollte auch erwähnen, dass die Plastikschaufel, die jeder Packung beiliegt, für die meisten Kunden möglicherweise nicht erforderlich ist.

Ich habe gesehen, dass andere Hersteller Produkte wie das Ihre in einer einfachen Papiertüte oder einem stabilen Karton verpacken. Beides kann problemlos recycelt werden. Sie liefern auch keine Plastikschaufel mit, sondern geben die Mengenangaben einfach in Esslöffeln an, sodass Kunden einen Löffel verwenden können, den sie bereits besitzen. Würden Sie auf die Plastikschaufel verzichten, würde Ihr Unternehmen Geld sparen und die Menge an Plastikmüll verringern.

Die nicht recycelbare Verpackung und den Plastiklöffel lege ich bei, damit Sie beides verantwortungsbewusst entsorgen können.

Mit freundlichen Grüßen

Kate

MÜLL
SAMMELN

Die Vorstellung, an einer groß angelegten Strandsäuberungsaktion mitzumachen, behagt mir nicht wirklich. Vielleicht liegt es an meinem introvertierten Charakter, aber ich ziehe es vor, immer dann Müll zu sammeln, wenn der Moment mich packt. Sobald ich losgehe, sehe ich Müll. Wenn ich kann, sammle ich ihn auf und entsorge ihn verantwortungsbewusster. Wenn ich ihn zu meinen Wertstoffen sortieren kann, tue ich es, damit er recycelt werden kann. Ansonsten werfe ich ihn zumindest in einen Mülleimer, was immerhin besser ist, als einem Vogel dabei zuzusehen, wie er versucht, ihn zu fressen.

Wann immer wir an einer Küste sind, sammle ich früher oder später den Müll ein, der am Strand angespült wurde. Vielleicht ist es die Tatsache, dass er bald wieder von einer Welle zurück ins Meer getragen werden könnte, die mich dazu zwingt. Normalerweise benutze ich einen Gartenhandschuh und mehrere wiederverwendbare Stoffbeutel. Wieder zu Hause reinige ich die Kunststoffe und gebe sie zum Recyceln. Was nicht recycelt werden kann, werfe ich weg. Wenn ich weiß, von welcher Marke der Müll stammt, schicke ich ihn mit einem Brief, in dem ich erkläre, wo ich ihn gefunden habe, an den Hersteller zurück.

DRÜBER SPRECHEN

Obwohl ich über zehn Jahre als Fernsehmoderatorin gearbeitet habe, macht es mich nervös, vor einem Live-Publikum zu sprechen. Aber je leidenschaftlicher ich ein Thema verfolge, desto leichter fällt es mir, mich mitzuteilen. Wenn Sie gerne ein paar Folien zusammenstellen und Ihre Erfahrungen und Tipps zur Abfallreduzierung mit anderen teilen möchten, warum halten Sie dann nicht einen Vortrag vor Ihren Kollegen oder in Ihrer Nachbarschaft?

Erzählen Sie lustige Geschichten und halten Sie es persönlich. So können Sie den Zero-Waste-Lebensstil anschaulich und positiv vermitteln, und Ihr Publikum fühlt sich eher inspiriert als gezwungen, etwas zu verändern. Zeigen Sie auch Bilder von Mehrwegartikeln, die Sie nützlich finden oder erklären Sie, wie Sie ohne Verpackung einkaufen.

Versuchen Sie, alles optimistisch zu formulieren – niemand sitzt gerne da und hört sich an, dass er mit jedem Kaffee aus einem Wegwerfbecher den Planeten und alle seine Bewohner tötet. Vielleicht haben Ihre Zuhörer einfach nur noch nicht darüber nachgedacht und sich noch nie gefragt, warum sie all diesen Müll als normal akzeptieren.

Halten Sie es einfach – im Grunde zeige ich ein Bild und erzähle etwas dazu. Ich verwende Bilder, um zum Dialog anzuregen oder lustige Anekdoten zu erzählen. Ich möchte auf die kleinen, für jeden möglichen Änderungen hinweisen, die ich im Laufe der Jahre umgesetzt habe. Manchmal beginne ich mit einem Trailer aus dem Dokumentarfilm »A Plastic Ocean«. Die Bilder von Menschen und Tieren, die sich durch

Berge von Plastikmüll kämpfen, sind ziemlich schockierend – aber sie vermitteln einen wirkungsvollen Eindruck des Problems. Der Rest meines Vortrags konzentriert sich dann auf all die positiven Änderungen, die ich vorgenommen habe.

Recherchieren Sie für Ihren Vortrag auch bei YouTube und suchen Sie nach Videos zum Thema Zero Waste, die Ihnen gefallen. Welche Personen sprechen Sie an? Wie sieht es mit den Bildern aus, die sie teilen? Geben sie praktische Beispiele für Zero Waste im Alltag? Überlegen Sie, warum gerade diese Videos Sie ansprechen – vielleicht gilt das dann auch für Ihre Zuhörer. Es ist verlockend, sein Publikum mit schlauen Fakten zu überschütten, damit man sich selbst wie ein Experte fühlen kann. Ich habe allerdings festgestellt, dass das Interesse bei den Menschen größer ist, je weniger Statistiken und trockene Analysen sie vorgesetzt bekommen. Beschränken Sie sich auf ein oder zwei, falls sie zur Verdeutlichung hilfreich sind. Aber meist erwecken sie in Ihren Zuhörern nur Schuldgefühle.

Wenn es nicht Ihr Ding ist, vor Menschen zu stehen und eine Rede zu halten, können Sie stattdessen auch einen Brunch, eine Kaffeerunde, einen Workshop, einen geselligen Abend oder eine Podiumsdiskussion organisieren. Es gibt so viele Möglichkeiten, Ihre neuen Erkenntnisse mit Freunden, mit der Familie und Bekannten zu teilen. Vielleicht gibt es in Ihrer Nähe ja auch schon ein lokales Netzwerk von Zero-Waste-Enthusiasten.

DA GEHT NOCH WAS!

Vielleicht möchten Sie sich einen einzelnen Bereich herausgreifen und sich diesem besonders widmen ...

• Starten Sie eine Kampagne zu einer bestimmten Abfallart.
Dies könnte etwas sein, das in Ihrer Gegend besonders häufig vorkommt. Ist Ihr Park im Sommer mit Plastikbechern übersät? Erstellen Sie ein Hashtag dazu in den sozialen Medien. Wenden Sie sich an lokale Nachrichtenagenturen und Politiker, um sie über Ihre Idee, eine Bewegung ins Leben zu rufen, zu informieren.

• Erschaffen Sie Kunst aus Müll.
Dies könnte eine Skulptur sein oder alles andere, wozu Sie alte Gegenstände wiederverwenden können.

• Gründen Sie eine Zero-Waste-Gruppe.
So können Sie Ihr Wissen teilen und sich gegenseitig unterstützen.

• Binden Sie Ihren Arbeitsplatz mit ein.
Warum sprechen Sie nicht mit Ihrem Vorgesetzten oder Ihrer Personalabteilung darüber, wie Sie gemeinsam im Kollegium beim Mittagessen Müll sammeln, einen Dokumentarfilm ansehen, Einwegbecher durch Mehrwegbecher ersetzen, einen Vortrag halten oder sogar probeweise Lebensmittelabfälle kompostieren können?

ZERO WASTE
IM EINSATZ

Nachdem wir nun eine Reihe neuer Gewohnheiten in unserem Alltagsleben etabliert haben, können wir diese auch auf verschiedene andere Bereiche übertragen. Die folgenden Beispiele zeigen Ihnen, wie es geht. Aber denken Sie daran: Jeder Fall oder jedes Szenario ist anders, und ich mache Ihnen nur Vorschläge. Lassen Sie sich also treiben und versuchen Sie, alles als Lernprozess zu sehen. Entdecken Sie den Spaß am kreativen Denken!

ZERO-WASTE-GARDEROBE

Wie oft lamentieren wir: »Ich habe nichts zum Anziehen!«, obwohl die meisten von uns, Untersuchungen zufolge, nicht einmal die Hälfte der Kleidung tragen, die sie besitzen? Was für eine Verschwendung! Ganz zu schweigen von den umweltschädlichen Herstellungsweisen oder den unethischen Arbeitsbedingungen in der Bekleidungsindustrie.

Fakt ist, ich mag Klamotten – aber seit mein Kleiderschrank nachhaltiger geworden ist, mag ich sie noch mehr. Ich liebe die Geschichte hinter jedem Kleidungsstück. Ich liebe es zu entdecken, wer sie gemacht hat und wie sie hergestellt wurden. Ich mag die hochwertigen, natürlichen Stoffe. Sogar die Pflege meiner Kleidung hat sich auf meiner Prioritätenliste auf magische Weise hochgearbeitet.

Ein nachhaltigerer Schrank-Inhalt bedeutet übrigens keineswegs, dass Sie sich einer bestimmten Mode anpassen müssen. Das liegt ganz bei Ihnen, auch wenn es einige Dinge zu berücksichtigen gilt.

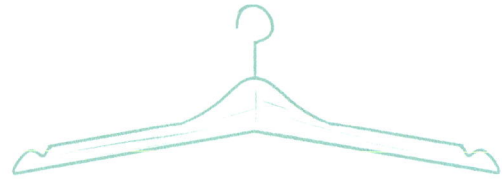

WENIGER KAUFEN

Heute werden weltweit jedes Jahr rund 80 Milliarden neue Kleidungs-stücke konsumiert, viermal mehr als noch vor zwei Jahrzehnten.[16] Vor nicht allzu langer Zeit gab es jährlich vier Modesaisons. Jetzt sind es 52, denn dank der Fast-Fashion-Marken tauchen jede Woche neue Klamot-ten in den Einkaufsstraßen auf. Das meiste davon besteht aus billigem Synthetikstoff und ist nicht auf Langlebigkeit ausgelegt. Weniger kaufen ist eine der besten Möglichkeiten, um unsere nicht nachhaltigen Fast-Fashion-Gewohnheiten zu bekämpfen. Versuchen Sie, höchstens ein- oder zweimal pro Saison neue Kleidung zu kaufen. Und kaufen Sie nur das, was Sie wirklich brauchen und über dessen Kauf Sie sorgfältig nachgedacht haben.

Sogenannte »Capsule Wardrobes« (Grundgarderoben) werden immer beliebter. Dabei geht es darum, dass sich die Menschen auf eine begrenzte Anzahl von Kleidungsstücken, Schuhen und Accessoires beschränken, die möglichst vielseitig untereinander kombinierbar sind und zu vielen unterschiedlichen Anlässen passen. Die Idee ist, sich auf das zu konzentrieren, was man bereits besitzt, anstatt jede Saison neue Stücke dazuzukaufen. Finden Sie heraus, wie viele Kleidungsstücke Sie wirklich brauchen und besitzen möchten. Das ist eine ganz individuelle Angelegenheit – die Hauptsache ist, dass Sie das, was Sie im Schrank haben, auch wirklich regelmäßig tragen!

SORGFÄLTIG AUSWÄHLEN

Wenn wir beim Einkauf sorgfältig überlegen und mit Bedacht auswählen, gehen wir mit Kleidungsstücken nach Hause, die zu unserem Lebensstil passen und die wir lange lieben werden. Keine Impulskäufe mehr!

Beginnen Sie mit der Suche nach gebrauchten Kleidungsstücken. Dies ist nicht nur erschwinglicher, sondern spart auch Ressourcen und verleiht einem ehemals geliebten Stück neues Leben, indem es von der Mülldeponie oder dem Recycling verschont bleibt.

• Wenn Wohltätigkeitsläden nicht Ihr Ding sind, versuchen Sie es mit Secondhand-Läden oder entsprechenden Plattformen im Internet. Sie bieten auch gebrauchte Designer-Artikel, oft zum halben Preis.

• Wenn Sie einen Artikel aus zweiter Hand online kaufen, vergessen Sie nicht, den Verkäufer um eine kunststofffreie Verpackung zu bitten.

• Lassen Sie ein Kleidungsstück ändern, wenn die Passform nicht ganz stimmt. Dies gilt auch für Teile, die Sie bereits besitzen, aber selten tragen.

• Größenangaben können irreführend sein und von Marke zu Marke variieren. Vertrauen Sie also nicht nur auf Ihre Konfektionsgröße, sondern probieren Sie alles an, um zu sehen, wie und ob es passt.

DAS IST ZU BEACHTEN

- **Langlebigkeit.** Suchen Sie nach Stücken, die gut verarbeitet und auf lange Haltbarkeit ausgelegt sind. Einige Marken bieten sogar einen Reparaturservice oder eine lebenslange Garantie an. Überlegen Sie, wie oft Sie ein Teil anziehen. Bei teuren Stücken können Sie die »Abnutzungskosten« berücksichtigen: Sie sollten es mindestens 30-mal tragen, besser wären aber 100-mal oder mehr.

- **Stil.** Die Mode verändert sich, aber Ihr Stil bleibt. Suchen Sie also nach Teilen, die auch in den kommenden Jahren noch zu Ihnen passen. Klassische Tops und T-Shirts sowie gut sitzende Jeans sind praktische Basisstücke. Wenn sie Ihren persönlichen Stil ausdrücken, werden Sie die Sachen voraussichtlich auch in den nächsten Jahren noch gerne tragen.

- **Zweckmäßigkeit.** Wählen Sie Teile, die zu Ihrem Lifestyle passen. Was wir in unseren Schränken brauchen, ist von Person zu Person unterschiedlich, abhängig von unserem individuellen Stil und dem, was wir tun: Outdoor-Abenteurer, Büroangestellte, Landschaftsgärtner, Künstler …

- **Vielseitigkeit.** Wählen Sie Kleidungsstücke aus, die auf mehrere Arten oder zu unterschiedlichen Jahreszeiten getragen werden können.

- **Nachhaltigkeit.** Wenn Sie nichts aus zweiter Hand finden, kaufen Sie Neues von einer Marke, die nachhaltige Materialien verwendet und faire Herstellungsbedingungen bietet. Mittlerweile gibt es viele wirklich schöne nachhaltige Marken, die auch einen Reparaturservice anbieten (s. Service ab S. 214).

- **Ausleihen.** Sie können sich bestimmte Outfits oder ein Kleid für eine besondere Veranstaltung auch ausleihen oder mieten. Fragen Sie Freunde oder Verwandte oder suchen Sie online nach einem Kleiderverleih.

STOFFE & MATERIALIEN

- **Synthetik vermeiden.** Dies schließt Polyester, Acryl und Nylon ein, die unter Verwendung von Erdöl hergestellt werden. Sie verschmutzen unsere Umwelt in jeder Phase, von der Produktion bis zur Entsorgung. Untersuchungen haben gezeigt, dass synthetische Kleidung Mikrofasern in der Waschmaschine freisetzt, die nicht gefiltert werden können und einen erheblichen Anteil des Plastikmülls im Meer ausmachen.

- **Naturfasern wählen.** Stoffe wie Baumwolle, Wolle, Hanf, Seide und Leinen sind leichter kompostierbar. Lyocell ist eine Kunstfaser aus pflanzlicher Cellulose und ebenfalls kompostierbar.

- **Recycelte oder Bio-Baumwolle kaufen.** Der Großteil der Baumwolle wird aus gentechnisch verändertem Saatgut hergestellt, das eine große Menge an Pestiziden und Wasser verschwendet. Bio-Baumwolle hingegen wächst auf gesundem Boden durch biologische Vielfalt, wird größtenteils durch Regen bewässert und gibt den Landwirten Ernährungssicherheit und Unabhängigkeit. Je mehr Bio-Baumwolle wir kaufen, desto mehr Landwirte stellen auf biologischen Baumwollanbau um.

- **Auf Zertifizierungen achten.** Dazu gehört GOTS (Global Organic Textile Standard), der als höchster Standard für die Bio-Zertifizierung gilt. Fairtrade konzentriert sich auf die Verbesserung der Arbeits- und Lebensbedingungen von Kleinbauern und verwendet niemals gentechnisch veränderte Baumwolle. Cradle to Cradle-Zertifizierungen bewerten Materialien und Produkte anhand von fünf Qualitätskategorien: Materialgesundheit, Materialverwertung, erneuerbare Energien und Kohlendioxidausstoß, Wasserverantwortung und soziale Fairness.

- **Beim Kauf von Leder auf pflanzlich gegerbtes Leder achten.** Die in herkömmlich gegerbtem Leder verwendeten Chemikalien bewirken, dass es nicht biologisch abgebaut werden kann.

- **Recycelte Baumwolle, Wolle und Seide sind eine gute Wahl.**
Recycling-Kunststoffe wie Polyester dagegen setzen Mikroplastik frei, die in das Wassersystem gelangt.

PFLEGEN

Laut einer Studie von Fashion Revolution, einer unabhängigen Organisation, die sich für faire Arbeitsbedingungen in der Modebranche einsetzt, werden 90 Prozent unserer Kleidung viel früher weggeworfen als nötig. Das liegt unter anderem an unserer Fast-Fashion-Kultur sowie an veralteten Waschgewohnheiten.[17] Eine Verlängerung der Lebensdauer jedes Kleidungsstücks um nur drei Monate würde den Kohlendioxid-, Wasser- und Abfall-Fußabdruck um jeweils 5–10 Prozent reduzieren.[18]

- Befolgen Sie die Pflegehinweise auf dem Etikett. Die meisten Feintextilien müssen nicht chemisch gereinigt, sondern können einfach im Wollwaschprogramm oder von Hand gewaschen werden.

- Wäscht man Kleidung weniger häufig, verlängert dies die Lebensdauer. Einzelne Flecken können zwischendurch von Hand entfernt werden. Waschen Sie bei einer möglichst niedrigen Temperatur, dann bleiben die Fasern länger erhalten. Wolle muss viel seltener gewaschen werden als andere Textilien, und Jeans brauchen nach Ansicht von Denim-Experten nur einmal im Monat eine Wäsche.[19]

- Investieren Sie in Kleidung, für die ein Ausbesserungsservice angeboten wird. Prüfen Sie schon beim Kauf, ob Sie das Stück bei Bedarf beim Verkäufer oder Hersteller ausbessern lassen können. Schuhe sind oft leicht zu reparieren. Wenn Sie selbst nicht nähen können, bringen Sie Ihre Sachen zu einer örtlichen Änderungsschneiderei. Auch Mottenlöcher können von einem Fachmann gestopft werden.

ALTE KLEIDUNG

Unweigerlich ist jedes Kleidungsstück einmal abgenutzt oder es passt nicht mehr zu unserem Stil. Werfen Sie aber niemals etwas weg!

- **Verkaufen.** Versuchen Sie, gut erhaltene Kleidung im Internet oder über einen Secondhand-Laden zu verkaufen. Natürlich können Sie sie auch an karitative Einrichtungen spenden.

- **Umfunktionieren.** Wenn das Kleidungsstück wirklich hinüber ist, können Sie es vielleicht umfunktionieren. Könnten Sie aus dem Stoff wiederverwendbare Stoffbeutel nähen (Sie können nie zu viele haben!) oder ihn zu Putztüchern zerschneiden?

- **Recyceln.** Bringen Sie abgenutzte Kleidung zu einem Kleider-Recyclingcontainer, damit sie zerkleinert und z. B. in Polsterung oder Isolierung für Autositze verwandelt werden kann.

- **Kompostieren.** Kompostieren Sie Fäden und Stücke aus Natur-gewebe, die zum Recyceln zu klein sind.

ZERO WASTE BEI DER ARBEIT

Ich arbeite von zu Hause aus, aber da unsere Wohnung klein ist, müssen wir die Büroausstattung überschaubar halten. So verzichten wir zum Beispiel auf einen eigenen Drucker, da wir selten etwas drucken müssen und die Kosten für Tinte ziemlich hoch sind. Stattdessen gehe ich bei Bedarf in einen Copyshop oder lasse mir im Schreibwarenladen etwas ausdrucken.

Ich habe die meisten unserer Stifte verschenkt, als ich feststellte, dass wir sie einfach nicht benutzten. Stattdessen habe ich einen Konverter für einen alten Füllfederhalter gekauft. Es gibt viele schöne gebrauchte Füller im Internet, einige mit eingebauten Kolben oder Konvertern, was bedeutet, dass keine Einwegpatronen erforderlich sind. Sie füllen einfach Tinte aus einem Glas nach. Ich habe sogar aus natürlichem Eichenholz hergestellte Tinte gefunden, aber jede andere ist ebenso gut geeignet.

Beschränken Sie sich auf das, was Sie wirklich brauchen – oft liegen Büromaterialien nur nutzlos herum. Suchen Sie nach wiederverwendbaren, recyclebaren oder kompostierbaren Lösungen.

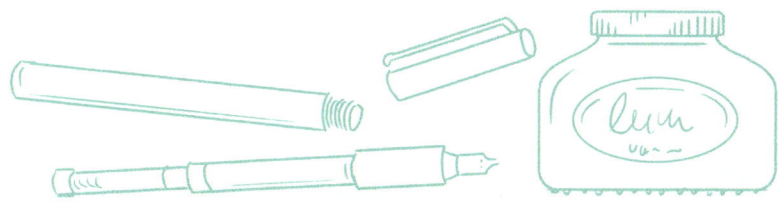

DAS ZERO-WASTE-BÜRO

- **Kugelschreiber.** Wählen Sie einen Kuli mit Tintenkonverter oder kaufen Sie einen Konverter für einen Stift, den Sie bereits besitzen.

- **Tintenfässchen.** Kaufen Sie ein Tintenglas.

- **Bleistift.** Benutzen Sie Druckbleistifte mit nachfüllbaren Minen (obwohl die meisten in Kunststoff verpackt sind), Papierbleistifte aus recycelten Zeitungen oder Holzbleistifte ohne Radiergummi am Ende.

- **Radiergummi aus Naturkautschuk.**

- **Ordner.** Verwenden Sie Ordner aus recyceltem Karton und Metallringen oder lediglich Spiralring-Ornamente. Suchen Sie nach Trennblättern aus recyceltem Papier.

- **Papierklebeband.** Verwenden Sie dieses anstelle von Plastikklebeband. Es kann leicht recycelt oder kompostiert werden.

- **Tacker.** Büroklammern aus Metall oder einfaches Zurechtschneiden und Falten eines Papierstapels erfüllen denselben Zweck – oder Sie investieren in einen klammerlosen Hefter.

- **Buntstifte.** Verwenden Sie diese anstelle von Textmarkern.

- **Kalender.** Verwenden Sie einen Online-Kalender oder kaufen Sie einen recycelbaren bzw. einen aus recyceltem Material. Sie können auch Ihr eigenes Papier zweitverwerten und Ihren Kalender selbst machen.

MÜLL IM BÜRO

Ich habe im Laufe der Jahre viele Menschen getroffen, die sich zunehmend frustriert über die Müllverschwendung in ihren Büros äußerten. Viele haben es sich zur Aufgabe gemacht, wiederverwendbare Becher einzuführen, ein Kompostierungssystem zu testen oder einfach nur Papierabfälle zu recyceln. Wenn Sie Ihrer Firma eine abfallreduzierende Idee vorstellen können, die zu Einsparungen führt und gleichzeitig die Umwelt schont, wird sie diesem Thema auch mehr Aufmerksamkeit schenken. Ich habe einmal eine namhafte Firma besucht, die ihren Mitarbeitern Thermobecher für den »Coffee to go« auf ihrem Arbeitsweg zur Verfügung stellte. So eine tolle Idee und so einfach!

Gesprächsangebote können eine großartige Möglichkeit sein, Mitarbeiter zu inspirieren. Ich besuchte einmal eine Anwaltskanzlei und sollte während der Mittagspause eine informelle Präsentation über einige der einfachen Veränderungen halten, die ich vorgenommen hatte, um meinen Müll zu reduzieren. Ich war angenehm überrascht von der Anzahl der Leute und noch überraschter von den vielen Fragen, die mir am Ende gestellt wurden. Offensichtlich waren viele daran interessiert, selbst etwas zu ändern.

Wenn Ihre Kollegen sich gegenüber Veränderungen ein wenig resistent und kein Interesse daran zeigen, ihren Müll zu reduzieren, versuchen Sie, positiv zu bleiben und sich auf Ihr eigenes Handeln zu konzentrieren. Mit gutem Beispiel voranzugehen, inspiriert oft auch andere zum Handeln. Bringen Sie also Ihren wiederverwendbaren Kaffeebecher mit und erwähnen Sie beiläufig, dass Sie im Coffeeshop gegenüber einen Rabatt erhalten, wenn Sie Ihren eigenen Becher mitbringen. Es wird nicht lange dauern, bis Sie Kollegen entdecken, die auch einen eigenen Becher dabeihaben.

Folgendes könnten Sie noch tun:

Bringen Sie Ihr eigenes Mittagessen mit.

Halten Sie wiederverwendbares Besteck bereit. Und haben Sie immer einen Vorrat an Behältern im Büro, falls Sie sich für die Mittagspause etwas zum Mitnehmen holen möchten.

Heben Sie Kompostier- und Recycelbares auf. Nehmen Sie es mit nach Hause und entsorgen Sie es sachgemäß.

SO VERMEIDEN SIE MÜLL IN IHREM BÜRO

Umschläge wiederverwenden. Bewahren Sie Verpackungsmaterial für die Wiederverwendung auf, wenn Sie etwas versenden müssen. Verwenden Sie zerkleinertes Papier anstelle von Luftpolsterfolie.

Papier von beiden Seiten bedrucken. Passen Sie die Seitenränder an, sodass Sie mehr Platz zur Verfügung haben. Arbeiten Sie so weit wie möglich papierlos. So können Sie außerdem über ein Online-Cloud-Speichersystem auf ein Dokument zugreifen, wenn Sie nicht am Arbeitsplatz sind.

Papier und Schreibwaren aus recycelbarem Material wählen. Am Ende ihrer Lebensdauer können diese problemlos recycelt oder, noch besser, von einer anderen Person wiederverwendet werden.

Visitenkarten ablehnen. Machen Sie bei Bedarf ein Foto, das Sie wahrscheinlich auch weniger leicht verlieren, und überlegen Sie, ob Sie oder Ihre Mitarbeiter wirklich Visitenkarten benötigen.

Laminieren vermeiden.

Geschreddertes Papier kompostieren. Wenn Ihre örtliche Wiederaufbereitungsanlage es annimmt, können Sie es auch recyceln.

Bleistiftschnitzel kompostieren.

Gebrauchtes Büromaterial kaufen. Größere Geräte wie Drucker oder Kopierer können Sie auch mieten.

Geräte reparieren, wenn sie kaputt sind. Laptops und Computer können häufig repariert oder zur Wiederverwertung an den Hersteller zurückgesandt werden.

Finden Sie einen umweltfreundlichen Händler für Bürobedarf. Prüfen Sie, welche kunststofffreien oder wiederverwendbaren Alternativen angeboten werden.

E-Mails und Rechnungen. Drucken Sie sie nicht aus.

Altpapier aufbewahren. Verwenden Sie es anstelle von Notizblöcken oder Haftnotizen.

Briefmarken zum Anfeuchten wählen. Die selbstklebenden sind auf der Rückseite mit Kunststoff überzogen, was das Recyceln erschwert.

Auf Werbegeschenke verzichten. Dazu gehören Firmenstifte, Schlüsselanhänger und Kalender. Wenn Sie etwas verschenken möchten, ist eine wiederverwendbare Stofftasche mit der Marke Ihres Unternehmens eine gute Idee und für die meisten Menschen auch noch praktisch.

DRAUSSEN ESSEN OHNE MÜLL

Wer müllfrei lebt, kocht mehr selbst –
das ist nicht nur gesünder, sondern kann
auch einen fast schon therapeutischen
Effekt haben.

Ich bin ein echter Feinschmecker! Ich
achte beim Einkauf auf Qualität und das
Gleiche gilt für die Restaurants, die ich
besuche. Ich unterstütze Restaurants
und Cafés, die nachhaltig produzieren,
mit biologischen und regionalen Zutaten
kochen und Wiederverwendbares wie
Stoffservietten benutzen. Es gibt viele
Restaurants, die bemüht sind, ihren Müll
zu reduzieren. Mit den folgenden Vor-
schlägen können auch Sie beim Essen
Abfall vermeiden:

1 ABLEHNEN

Sagen Sie »Nein danke!« zu Papierservietten, Strohhalmen (auch wenn sie aus Papier sind – brauchen Sie sie wirklich?), Plastik-Cocktailstäbchen und kleinen Ketchuptütchen. Die meisten Tische in einem Restaurant sind bereits gedeckt. Geben Sie die Papierserviette einfach an den Kellner zurück und sagen Sie: »Ich brauche sie nicht, Sie können sie wiederverwenden.« Manchmal lege ich sie auch heimlich auf den Stapel zurück!

2 EIGENES MITBRINGEN

Nehmen Sie eine wiederverwendbare Serviette mit. Bringen Sie für den Fall, dass etwas übrig bleibt, einen Behälter mit, um die Reste mit nach Hause zu nehmen. Mein Mann hat sogar seinen eigenen wiederverwendbaren Zahnstocher. Wenn Sie ins Kino gehen, bringen Sie Ihre eigenen Snacks (lose gekauft) oder Ihre eigene Tüte Popcorn mit (siehe Seite 195).

3 MIT NACH HAUSE NEHMEN

Wenn das Restaurant nicht kompostiert, nehmen Sie alles mit, was kompostiert werden kann. Das Gleiche mache ich wenn möglich mit recycelbaren Materialien.

4 FEEDBACK GEBEN

Wenn das Restaurant, das Sie besucht haben, etwas verbessern könnte, setzen Sie sich mit ihm in Verbindung und teilen Sie es ihm mit! Geben Sie positives Feedback, warum Sie das Essen, das Ambiente und den Service lieben, und machen Sie dann einige nützliche Vorschläge zur Müllreduzierung.

TAKE-AWAY

Gelegentlich lassen wir uns immer noch Essen liefern. Ist eine Verpackung notwendig, bevorzuge ich natürlich Pappe oder Papier. Wenn ich zum Beispiel eine Pizza zur Auslieferung bestelle, wähle ich eine, die nur in einer einfachen Pappschachtel geliefert wird (ohne Kunststoff!).

In den meisten Imbissrestaurants wird mittlerweile akzeptiert, dass ich meine Mehrwegbehälter dorthin mitnehme und darum bitte, dass mein Essen dort hineingelegt wird. Bei einigen Auslieferungs-Apps kann man als Kunde auch explizit auf Plastikgeschirr verzichten. Wenn Sie Zweifel haben, schicken Sie vorab eine E-Mail oder rufen Sie dort an und fragen Sie, welche Verpackung verwendet wird.

FAMILIE & FREUNDE

Eine der häufigsten Fragen von Menschen, die mit Zero Waste beginnen wollen, lautet: »Wie bringe ich meinen Mann/meine Frau/meine Freundin/meinen Freund/meine Mitbewohner/meine Familie dazu, nicht mehr so viel Müll zu produzieren?« Ich gebe zu, als ich anfing, gab es schon den ein oder anderen Wutausbruch, als mein Mann etwas mit nach Hause

brachte, das in Kunststoff eingewickelt war, oder wieder einen Kassenbon, den wir nicht brauchten (Kassenbons aus Thermopapier können nicht recycelt werden). Mittlerweile ist er voll und ganz mit dem Zero-Waste-Lebensstil vertraut und spricht mit Freunden und der Familie öfter darüber als ich. Aber diese Entwicklung war ein langwieriger Prozess (für uns beide), also seien Sie geduldig.

Ich habe schnell gelernt, dass andauernde Vorwürfe auf lange Sicht nicht zum Ziel führen. Ich konnte also nur auf mein eigenes Handeln achten und meinen Mann so weit wie möglich miteinbeziehen. In unserem Haushalt kaufe ich ein, die Kaufentscheidungen treffe also hauptsächlich ich.

SO ÜBERZEUGEN SIE ANDERE

Konzentrieren Sie sich auf Ihr eigenes Handeln und gehen Sie mit gutem Beispiel voran. Es bringt viel mehr, als anderen einfach nur zu sagen, was sie tun sollen. Nehmen Sie sie mit, wenn Sie Lebensmittel kaufen, oder lassen Sie Ihren Partner Ihren wiederverwendbaren Rasierer ausprobieren, wenn er neugierig ist!

Finden Sie ihre Motivation heraus. Ist es das Geld, ein gesünderes Leben oder das Erlernen neuer Fähigkeiten? Erwähnen Sie, wie Ihr müllfreies Leben dabei hilft.

Sehen Sie sich gemeinsam Dokumentationen an, in denen es beispielsweise um Plastikmüll geht.

Seien Sie ermutigend und dankbar. Loben Sie sie für jede Änderung, zu der sie bereit sind.

Bieten Sie Ihre Hilfe an. Vielleicht suchen sie nach einer müllfreien Alternative, wissen aber nicht, wo sie sie bekommen können. Erzählen Sie, dass Sie etwas Passendes gesehen haben und dass Sie es gerne für sie besorgen können, wenn sie es ausprobieren möchten.

FREUNDE & FAMILIE BESUCHEN

Wenn ich bei jemand anderem zu Gast bin, gebe ich mein Bestes und spiele nach den Regeln des Gastgebers. Sofern es möglich ist, versuche ich, Mehrwegprodukte anstelle von Wegwerfartikeln zu verwenden, ohne meine Ideen irgendjemandem aufzuzwingen. Auf Fragen antworte ich bereitwillig und immer höflich. Wenn mir eine Tasse Tee aus einem Teebeutel angeboten wird, von dem ich weiß, dass er Plastik enthält, überlege ich zunächst, ob ich tatsächlich eine Tasse Tee möchte. Wenn ja, nehme ich das Angebot an. Ich könnte natürlich auch fragen, ob sie stattdessen gemahlenen Kaffee haben, aber der wichtigste Punkt, den ich hier ansprechen möchte, ist, dass ich bei anderen Leute zu Hause nicht so streng mit mir selbst bin. Es kann auch sinnvoll sein, für einen Moment aus der Welt des Zero Waste auszusteigen und sich daran zu erinnern, wie die meisten Menschen leben. Man vergisst schnell, was »normal« ist, und Sie können daran sehen, wie weit Sie selbst schon gekommen sind.

FESTE & FEIERN

Eigene Feiern auszurichten, kann eine wunderbare Möglichkeit sein, einfach zu präsentieren, wie schön und kompromisslos ein müllfreies Leben sein kann. Wenn die Gäste Ihren Stil mögen, werden sie Fragen stellen, aber wahrscheinlich werden sie nicht einmal bemerken, dass Sie etwas anders machen.

ESSEN & TRINKEN

Versuchen Sie, Lebensmittel wie Oliven, Käse und Wurstwaren ohne Verpackung zu kaufen. Kekse und Kuchen können in der Regel unverpackt in Bäckereien oder Feinkostgeschäften gekauft werden. Nehmen Sie einfach eine Dose oder Stofftasche mit. Wenn Sie gerne backen, tun Sie es, aber verwenden Sie lose oder in Papier verpackte Zutaten. Sie können auch Dips wie Hummus selbst zubereiten und selbst geschnittenes Gemüse dazu servieren. Hausgemachtes Popcorn ist eine schnelle und einfache Alternative zu Chips (siehe Seite 195).

Kräuter oder Obstscheiben in Krügen mit Leitungswasser aufgießen. Dadurch wird Wasser zu etwas Besonderem. Wenn Sie alkoholfreie Getränke nicht selbst zubereiten möchten, bieten sich Limonaden oder Säfte in Glasflaschen an. Wenn Sie einen Sprudelwasserbereiter haben, können Sie Ihren Getränken damit etwas Kohlensäure zufügen oder Leitungswasser in Mineralwasser verwandeln.

Wein und Bier als Nachfüllware. Wenn Sie in der Nähe keinen entsprechenden Anbieter haben, schauen Sie sich die Verpackung an und wählen Sie die mit dem geringsten Kunststoffanteil. Korken aus Weinflaschen können dem Recycling zugeführt und Glasflaschen immer wieder recycelt werden. Bierflaschen-Kronkorken haben normalerweise eine Kunststoffschicht auf der Innenseite, die ein Recycling unmöglich macht. Sie können jedoch aufbewahrt und in Christbaumschmuck verwandelt oder kostenlos im Internet verschenkt werden. Andernfalls wählen Sie Getränke in Aluminiumdosen, die eine extrem hohe Recyclingrate aufweisen und wahrscheinlich innerhalb von 60 Tagen wieder als Dose im Handel sind! Vermeiden Sie Sixpacks, die mit Plastikringen zusammengehalten werden. Diese können für Meerestiere tödlich sein, wenn sie im Ozean landen.

Wenn Gäste eine Flasche mitbringen, bleiben Sie locker, bedanken Sie sich und recyceln Sie sie.

Essensreste kompostieren oder verschenken. Bitten Sie Ihre Gäste, nach Möglichkeit einen Mehrwegbehälter mitzubringen, falls sie nach der Feier etwas mit nach Hause nehmen möchten.

PARTYTIPPS

- **Andere über Ihr müllfreies Leben informieren.** Tun Sie dies, bevor Ihre Gäste mit einer Tüte Feuerwerkskörpern und 50 Luftballons vor Ihrer Tür stehen! Eine einfache Erklärung per E-Mail kann hilfreich sein.

- **Wegwerfgeschirr durch Mehrweggeschirr ersetzen.** Wählen Sie echtes Besteck, Gläser (entscheiden Sie sich für Metall, wenn Sie Angst haben, Glas könnte zerbrechen) und wiederverwendbare Stoffservietten.

- **Sich nach der Notwendigkeit fragen.** Strohhalme, Luftballons und Geschenktüten sind sehr mülllastig und nicht wirklich nötig.

- **Einfach halten.** Von der Dekoration über das Essen bis zum Motto.

- **Auf die Verpackungen achten.** Manchmal lassen sich Verpackungen nicht vermeiden. Wählen Sie dann aber die recycel- oder kompostierbare Variante. Wenn es also beispielsweise unbedingt ein Osterei sein muss, entscheiden Sie sich für eines, das in einer einfachen Pappschale verpackt ist.

- **Kerzen sorgen für Stimmung.** Kerzen sollten aus Naturwachs wie Bienenwachs bestehen, meiden Sie Paraffinkerzen aus Erdöl. Nachdem sie heruntergebrannt sind, können Sie die Stumpen schmelzen, in einen leeren Eierkarton gießen und als Feueranzünder verwenden. Oder kompostieren Sie das verbleibende Naturwachs einfach.

- **Als Gast nicht über Einwegartikel beschweren.** Fragen Sie, ob Sie einen Teller oder ein Glas aus dem Schrank nehmen dürfen (anschließend spülen, abtrocknen und zurückstellen), oder nehmen Sie einfach eine Stoffserviette, einen Teller und ein Glas mit, wenn Sie glauben, dass dies notwendig sein könnte.

- **Keine Geschenktüten annehmen oder selbst verteilen!**

WEIHNACHTEN

Weihnachten ist die müllreichste Zeit des Jahres. In den USA, Australien und Großbritannien nimmt der Hausmüll während der Festtage um 25–30 Prozent zu, in Deutschland sind es bis zu 20 Prozent.[20] Ich erinnere mich noch gut, wie gestresst ich früher in der Vorweihnachtszeit war. Ich marschierte durch die Einkaufsstraßen, um ein Geschenk für jedes Familienmitglied zu finden. Das muss aber nicht so sein. Seit wir ohne Müll leben, geht es Weihnachten nur noch darum, Zeit mit meinen Lieben zu verbringen, gut zu essen, Spaziergänge zu genießen und ein paar sorgfältig ausgewählte Geschenke zu machen – oftmals Unternehmungen, Gutscheine oder etwas, das wirklich gebraucht wird.

Lebende Bäume. Vor einigen Jahren haben wir bei einem Gärtner in der Nähe einen Weihnachtsbaum im Topf gekauft. Er wohnt auf unserem Balkon, und ich bringe ihn einfach zu Weihnachten hinein. Sie können auch jedes Jahr einen Baum mieten, wenn Sie keinen Platz für einen eigenen Topfbaum haben. Der gemietete Baum kann zwischendurch weiterwachsen, CO_2 binden und landet nicht auf einer Deponie.

Gefällte Bäume. In Europa und Nordamerika werden jedes Jahr fast 100 Millionen Weihnachtsbäume verkauft.[21] Es kann Jahre dauern, bis sie auf einer Mülldeponie abgebaut sind. Stellen Sie also sicher, dass Sie recycelt werden – schauen Sie auf der Webseite Ihrer Gemeinde nach.

Baumalternativen. Überlegen Sie, ob Sie einen großen Ast schmücken, einen Holzbaum aus Altholz herstellen oder einfach eine Zimmerpflanze dekorieren möchten.

Künstliche Bäume. Wenn Sie sich einen künstlichen Weihnachtsbaum wünschen, kaufen Sie ihn gebraucht und geloben Sie, ihn für den Rest Ihrer kommenden Weihnachten wiederzuverwenden. Zumindest steigern Sie so nicht die Nachfrage nach noch mehr Kunststoff.

Lichterketten. Die Suche nach umweltfreundlichen Lichterketten ist eine Herausforderung. Ich verwende die Lichter, die ich in den letzten fünf Jahren hatte, und werde sie so lange benutzen, bis sie kaputt sind. Es handelt sich um steckbare LED-Leuchten, die einen Bruchteil der Energie herkömmlicher Lichterketten verbrauchen und nicht überhitzen.

GESCHENKVERPACKUNGEN

Geschenkpapier wird einmal verwendet und dann weggeworfen. Aufgrund des Materialmixes ist das Recycling oft schwierig.[22] Einige alternative Ideen sind:

Hinter-dem-Rücken-Überraschung. Oooooooh! Das ist nett und müllfrei. Ta-dah!

Wiederverwendbare Verpackung. Nehmen Sie ein dekoratives Stück Stoff oder nutzen Sie eine hübsche Stofftasche als Geschenkverpackung – zwei Geschenke in einem!

Einpacken mit Zeitungen oder Zeitschriften. Achten Sie jedoch auf die Überschriften. Meine Mutter hat mein Weihnachtsgeschenk einmal in eine Zeitung gewickelt, auf der die Überschrift lautete: »Weihnachten mit der Familie? Ich hätte lieber 250 Euro«. Danke, Mama!

Schnur anstelle von Plastikklebeband. Oder braunes Papierklebeband, das recycelt oder kompostiert werden kann.

DEKORATIONEN

Nicht jedes Jahr neue Plastikkugeln in die Sammlung aufnehmen. Schmücken Sie den Baum mit getrockneten Orangenscheiben, Zimtstangenbündeln, Tannenzapfen oder Salzteigsternen (trotz meiner kreativen Versuche sehen sie immer noch so aus, als hätte eine Vierjährige sie hergestellt!). Es gibt auch viele gebrauchte Deko-Gegenstände. Oder Sie unterstützen Künstler durch den Kauf von handgefertigtem Baumschmuck aus natürlichen Materialien.

Biologisch abbaubaren Glitzer verwenden. Normaler Glitzer besteht aus winzigen Plastikteilchen. Natürliches Laub wie ein oder zwei Stechpalmenzweige, etwas Mistel und getrockneter Eukalyptus sorgen für eine wunderbar festliche Note. Suchen Sie nach einem wiederverwendbaren Adventskalender – Sie haben die Wahl zwischen vielen verschiedenen Kalendern aus Holz oder anderen Naturmaterialien.

WEIHNACHTSKARTEN

Recycelte Karten verwenden. Wenn Sie nicht widerstehen können, eine Karte zu versenden, wählen Sie eine unverpackte aus 100 Prozent recyceltem Material, das problemlos recycelt werden kann (keine Glitzer-, Folien- oder Schaumstoffteile).

Elektronische Karten versenden. Dies ist eine bequeme, müllfreie Alternative.

Prüfen Sie die Personen auf Ihrer Weihnachtskartenliste. Vielleicht ist die Karte für jemanden, den Sie einmal im Urlaub getroffen haben, entbehrlich?

Dankeskarten neu erfinden. Vielleicht können Sie den Schenker anrufen oder ihm eine E-Mail senden?

HOCHZEITS-CHECKLISTE

Als ich 2014 heiratete, war ich noch ziemlich neu in der Welt des Zero Waste, aber ich tat, was ich konnte. Ich war noch nie ein Fan von »großen weißen Hochzeiten«, daher haben wir uns für eine kleine Zeremonie im engen Kreis entschieden und danach mit Freunden in einem Restaurant gefeiert. Es war wunderbar! Wie auch immer Sie Ihre Hochzeit feiern möchten, es gibt immer Möglichkeiten, die Anzahl der Müllsäcke zu reduzieren.

Elektronische Einladungen versenden.
Wenn Sie echte Einladungen bevorzugen, wählen Sie solche aus recycelten Materialien, die dann selbst recycelt oder kompostiert werden können. Es gibt sogar Einladungen mit in Papier eingebetteten Samen, die eingepflanzt werden können, indem die Einladung in die Erde eingegraben wird.

Eine Erlebnis-Geschenkliste entwerfen.
Es gibt viele Webseiten, auf denen Gäste Beiträge zu Aktivitäten für Ihre Flitterwochen leisten können.

Dekoration mieten. Dies können Geschirr, Stühle, Tische, Tischtücher, Blumen und die Kleidung des Bräutigams sein. Einige Veranstaltungsorte sind bereits fertig dekoriert und erheben möglicherweise nur eine Reinigungsgebühr für Servietten und Tischdecken.

Ein gebrauchtes Kleid leihen oder kaufen. Ich hatte ein ganz genaues Bild von meinem Hochzeitskleid im Kopf und bat nach monatelanger erfolgloser Suche einen Freund, der gerade die Modeschule abgeschlossen hatte, mein Kleid zu nähen. Achten Sie auf natürliche Materialien und kaufen Sie genau die richtige Menge an Stoff. Überlegen Sie beim Entwerfen, ob Sie das Kleid später auch zu anderen Anlässen tragen können.

Den Veranstaltungsort informieren, dass Sie Müll vermeiden möchten. Lassen Sie den Veranstalter wissen, dass Sie möglichst wenig wegwerfen möchten. Überprüfen Sie, ob Essensreste kompostiert und gespendet werden können.

Natürliches Konfetti wählen. Getrocknete Blütenblätter können gekauft oder selbst hergestellt werden. Sie können mit einem Locher auch Konfetti aus trockenem Laub herstellen.

REISEN

Wir gönnen uns ein oder zwei Kurzstreckenflüge pro Jahr und alle paar Jahre einen Langstreckenflug. Reisen – insbesondere Flugreisen – können jedoch mit einer enormen Menge Müll verbunden sein. Sobald wir am Flughafen ankommen, werden wir mit Aufklebern, Etiketten, zollfreien Einweg-Wasserflaschen, Kaffeebechern und Lebensmitteln bombardiert, die einen Zentimeter dick in Folie eingewickelt sind. Und das, bevor wir überhaupt ins Flugzeug gestiegen sind. Sobald wir Platz genommen haben, wickeln wir eine synthetische Decke aus der Einweg-Plastikverpackung, essen und trinken aus Einweg-Plastikbehältern mit Plastikgabeln und -messern (die alle fünf Minuten später weggeworfen werden) und blättern durch die Liste der mit Chemikalien überladenen Produktangebote im Bordmagazin.

Aufgrund strenger Gesetze in Bezug auf mit Lebensmitteln kontaminierte Abfälle wird der Großteil der Abfälle nach einem Flug verbrannt oder vergraben. Sogar recycelbare Reststoffe werden isoliert und eingeäschert, da die Gefahr einer Kontaminierung mit Keimen oder Schädlingen aus Übersee besteht. Die wenigsten Flughäfen unterhalten Recycling-Einrichtungen. Doch nicht nur herkömmlicher Müll wird weggeworfen. Neben gebrauchtem Besteck, Zeitungen, Lebensmittel- und Getränkeverpackungen werfen Fluggesellschaften häufig auch einmal benutzte Decken und Kopfhörer weg!

Neben dem gesamten physischen Abfall führt Flugverkehr auch zu einer enormen Luftverschmutzung, ganz zu schweigen von den mit dem Tourismus verbundenen Umweltproblemen. Aber ich glaube, dass Reisen gut für uns sein kann – die Welt zu erkunden und unsere Verbindung zur Natur zu vertiefen, kann eine starke Motivation sein, etwas kürzer zu treten.

Mit ein wenig Planung, Vorbereitung und einfachem Ablehnen lassen sich viele der Einwegartikel vermeiden. Vielleicht spielen unsere kleinen Handlungen erst mal keine große Rolle, zumal das Essen an Bord weggeworfen wird, wenn wir es ablehnen. Wenn jedoch genügend Personen ebenso handeln oder direkt bei der Buchung die Mahlzeit abbestellen, wird uns vielleicht zugehört. Jeder Wegwerfartikel, den wir ablehnen, verringert die Nachfrage nach einem anderen, der ihn ersetzt. Verbreiten Sie das Thema durch einen Post in in den sozialen Netzwerken oder schreiben Sie der Fluggesellschaft eine E-Mail bezüglich ihrer Verwendung von Einwegkunststoffen.

REISE-CHECKLISTE

Wenn ich auf Reisen bin, packe ich leichtes Gepäck und nehme nur eine Handgepäcktasche mit, um zu vermeiden, dass das Flugzeug unnötig belastet wird. Meist teilen mein Mann und ich uns einen Koffer, um den Platz zu minimieren. Planung kann beim Packen wirklich helfen. Wie oft haben wir Dinge dabei, die wir nicht tragen oder benutzen? Versuchen Sie, leicht und clever zu packen, indem Sie sich für vielseitige Kleidung und nur ein Buch anstelle von dreien entscheiden! In den meisten Hotels stehen Haartrockner und Reiseadapter zur Verfügung. Denken Sie an die Gegenstände, die Ihnen helfen, den Müll auf Ihren Reisen zu reduzieren.

WIEDERVERWENDBARES

Trinkflasche und Kaffeebecher. Bitten Sie einfach den Flugbegleiter, die Getränke in Ihr Gefäß zu füllen. Mir wurde das noch nie verweigert, aber ich habe von anderen gehört, dass es schon einmal schiefgehen kann. Wenn Ihr Wunsch abgelehnt wird, nehmen Sie es nicht persönlich, sondern senden Sie nach dem Flug eine E-Mail an die Fluggesellschaft mit der Bitte, die Abfallvermeidung zu fördern, und weisen Sie darauf hin, dass sie so nicht nur Müll, sondern auch Geld sparen kann!

Kopfhörer. Sie brauchen die von der Fluggesellschaft bereitgestellten Kopfhörer nicht auszupacken, die Klangqualität Ihrer eigenen wird ohnehin weit besser sein!

Eine Stola oder ein großer Schal. Ich verwende dies anstelle der in Plastik verpackten Synthetikdecke, die die Fluggesellschaft zur Verfügung stellt.

Wiederverwendbares Besteck. Ich ziehe Metallbesteck vor, aber es gibt auch Bambusbesteck für die Reise.

Augenmaske. Sehr sinnvoll, um ein bisschen zu schlafen.

Stoff-Taschentuch. Zum Naseputzen oder zum Abwischen der Hände.

ESSEN & TRINKEN

Bordmahlzeiten ablehnen. Bereiten Sie stattdessen selbst etwas für Ihre Reise vor. Essen wird bei der Sicherheitskontrolle nicht beanstandet, nur Flüssigkeiten.

Snacks. Bereiten Sie Kleinigkeiten wie Rohkost, Popcorn, Butterbrote und Kekse vor. Versuchen Sie, alles während des Flugs aufzuessen, da die Mitnahme von Lebensmitteln in ein anderes Land Probleme verursachen kann.

Wasserfilter. Wenn Sie in einen Teil der Welt reisen, in dem es ratsam ist, das Leitungswasser nicht zu trinken, sollten Sie in ein tragbares Wasserfiltergerät investieren, um nicht auf Wasser in Plastikflaschen zurückgreifen zu müssen. Erkundigen Sie sich alternativ vor Ihrer Abreise, ob Ihr Hotel oder ein nahe gelegenes Restaurant Zugang zu gefiltertem Wasser hat, um Ihre Flasche aufzufüllen. Wenn Flaschenwasser die einzige Option ist, versuchen Sie, Glasflaschen zu finden.

KOSMETIK & KÖRPERPFLEGE

Nur das Nötigste. Wählen Sie wiederverwendbare Döschen und Flaschen und benutzen Sie alles gemeinsam, wenn Sie mit anderen reisen. Bewahren Sie eine durchsichtige Plastiktüte mit Reißverschluss auf, um sie wiederzuverwenden. Sie benötigen sie, wenn Sie Flüssigkeiten wie Gesichtswasser in den Sicherheitsbereich mitnehmen möchten.

Feste Schönheitsprodukte. Sie sind ideal, wenn Sie nur mit Handgepäck reisen, da sie keine Flüssigkeiten enthalten. Feste Shampoo- und Seifenstücke, Deostifte in Pappröhrchen und Zahntabs anstelle von Zahncreme sind mögliche Optionen.

Flüssigkeiten. Füllen Sie die Produkte in kleinere Reisebehälter um, die Sie aufbewahrt haben.

Sonnenschutz. Hawaii hat kürzlich den Verkauf von Sonnenschutzmitteln verboten, die Oxybenzon und Octinoxat enthalten, da sie bekanntermaßen schädlich für Korallenriffe und das Leben im Meer sind. Ich trage Hut und Sonnenbrille und bleibe an sonnigen Orten im Schatten. Wenn ich trotzdem Sonnenschutz benötige, verwende ich einen mit natürlichen Inhaltsstoffen ohne Nano-Zinkoxidpartikel, der in Glas- oder Metalldosen verpackt ist. Wenn Sie das Glück haben, eine Sonnenschutz-Nachfülloption in Ihrer Nähe zu haben, können Sie diese verwenden.

UNTERWEGS ...

Trinkflasche auffüllen. Füllen Sie Ihre Wasserflasche auf, sobald Sie durch den Sicherheitscheck sind oder bitten Sie das Personal eines Restaurants darum.

Vor dem Flug gut essen. Dann sind Sie während des Flugs nicht hungrig – und das Essen ist ohnehin besser.

Das Gepäck nicht in Folie einwickeln. Einen Gepäckdieb hält das vielleicht davon ab, Ihr Gepäck zu inspizieren. Die Folie hindert jedoch den Zoll nicht daran, Ihr Gepäckstück bei Bedarf zu öffnen.

e-Ticket nutzen. Kein Ticket ausdrucken.

Recycelbares mitnehmen. Wenn Sie um ein Einwegprodukt nicht herumgekommen sind, nehmen Sie es mit und recyceln Sie es an Ihrem Urlaubsort.

Ablehnen! Sagen Sie »Nein danke!« zu verpackten Lebensmitteln, Getränken und Einwegtüchern.

... AM ZIELORT

Zimmerservice in Hotels abbestellen.
Tun Sie dies so oft wie möglich und lassen
Sie Ihre Handtücher nicht auf dem Boden
liegen.

In Plastik Verpacktes meiden. Dieses
lauert in der Minibar und im Badezimmer.
Bringen Sie Ihre eigenen kunststofffreien
Körperpflegemittel mit und lehnen Sie die
Einwegpantoffeln in Plastikfolie ab.

Licht ausmachen. Und auch die Klima-
anlage, wenn Sie nicht im Zimmer sind!

Wiederverwendbares nutzen. Dazu
gehören Gläser, Tassen und Besteck zum
Frühstück.

Wiederverwendbares für Ausflüge. Nehmen Sie für unterwegs eine Stofftasche
und Ihre Wasserflasche mit.

Biohotels unterstützen. Wenn Sie sich
für ein Hotel entscheiden, das sich um
die Verbesserung der Umwelt bemüht,
unterstützen Sie es mit Ihrem Geld.

**Zelt mieten oder in ein langlebiges
investieren.** Lassen Sie es nicht zurück!
»Glampen« Sie dort, wo bereits alles
eingerichtet ist, oder investieren Sie in
eine langlebige, qualitativ hochwertige
Ausrüstung, wenn Sie häufig campen.

**Nach Bauernmärkten, Feinkostläden und
Fachgeschäften suchen.** Lebensmittel
werden an diesen Orten eher lose verkauft.
Informieren Sie sich vor Reiseantritt im
Internet über Unverpackt-Läden vor Ort.

Über das örtliche Recycling informieren.
Befolgen Sie die Richtlinien für Lebensmittelabfälle und tun Sie, was Sie können.

Regionale Speisen und Getränke wählen.
Dies kurbelt die lokale Wirtschaft an und
vermeidet Importe von Nahrungsmitteln,
die nur für unsere ausländischen Gaumen
geeignet sind.

Auf Postkarten und Souvenirs verzichten.
Diese sorgen einfach für noch mehr Kram
in Ihrem Zuhause (oder bei jemand anderem). Machen Sie stattdessen Fotos, um
sich an Ihre Reise zu erinnern, und senden
Sie diese per WhatsApp oder E-Mail an
Familie und Freunde.

Kommunizieren. Haben Sie keine Angst,
nett zu fragen. Vor ein paar Jahren kamen
mein Mann und ich spätabends in Mailand
an. Die Küchen der meisten Restaurants in
einem Foodcourt waren bereits geschlos-
sen. Wir fanden nur noch eines, das seine
Speisen in Plastikgeschirr servierte. Also
fragte ich, ob wir die Porzellanteller und
das Besteck aus dem gegenüberliegenden
Restaurant benutzen könnten. Der Kellner
fand es toll, dass wir versuchten, Plastik zu
reduzieren, und rannte hinüber, um sie für
uns zu holen.

CO$_2$- FUSSABDRUCK

Natürlich ist es wichtig zu berücksichtigen, wie oft und mit welchem Transportmittel wir reisen. Untersuchungen zufolge liegt der CO$_2$-Ausstoß bei einer Reise von London nach Paris mit dem Zug um 90 Prozent niedriger als mit dem Flugzeug. Ich habe kürzlich meinen CO$_2$-Fußabdruck berechnet und lag mit jährlich zwei Hin- und Rückflügen innerhalb Europas noch innerhalb meines CO$_2$-Pensums. Ein Flug in die USA ließ mich jedoch weit darüber hinaus schnellen! Mittlerweile ist bei den politischen Entscheidungsträgern eine CO$_2$-Steuer im Gespräch. Vielleicht werden wir uns so unseres Handelns bewusster und überlegen möglicherweise zweimal, bevor wir unnötig viel fliegen. Doch niemand ist perfekt – gehen Sie raus und sehen Sie sich die Welt an. Versuchen Sie nur, ein wenig kürzer zu treten, wo es möglich ist.

Auch wenn unser CO$_2$-Fußabdruck nicht unwichtig ist, glaube ich nicht, dass er das einzige Maß unserer Auswirkungen ist oder gar das Gesamtbild wiedergibt. Konzentrieren Sie sich stattdessen auf den positiven Effekt, den Ihre abfallfreien und umweltfreundlichen Veränderungen für die ganze Welt haben werden. Wenn Sie zum Beispiel fliegen müssen, bringen Sie Ihre eigenen Mehrwegartikel mit und reisen Sie nur mit Handgepäck. Kein CO$_2$-Rechner berücksichtigt die Menge an Wegwerfartikeln, die Sie während eines Fluges vermieden haben, oder die Wirkung einer E-Mail an die Fluggesellschaft, in der Sie darum bitten, Mahlzeiten abbestellen zu können. Sie aber werden wissen, dass Sie dennoch einen positiven Einfluss haben. Wenn Sie jedoch mehr über Ihren CO$_2$-Fußabdruck erfahren möchten, verweise ich auf die Informationen im Serviceteil ab S. 214.

KINDER

Was Kinder angeht, bin ich zugegebenermaßen keine Expertin. Während ich dieses Buch schreibe, bin ich mit meinem ersten Kind schwanger, daher sind meine Erfahrungen in diesem Bereich zurzeit noch äußerst begrenzt. Aber bei meinen Nachforschungen habe ich einiges herausgefunden und ich habe mit verschiedenen Freunden gesprochen, die die Gewohnheiten ihrer Kinder vereinfacht und damit auch Müll reduziert haben.

Das Allerwichtigste ist es, die Dinge einfach zu halten. Es gibt mittlerweile so vieles, das für junge Eltern als unverzichtbar vermarktet wird. So vergisst man allzu leicht, dass unsere Großeltern und Eltern auch ohne diese Dinge wunderbar überlebt haben. Oft wird uns gesagt, wir brauchen das eine Produkt, damit unsere Kinder besser schlafen, oder das andere, um ihre Entwicklung zu fördern. Überlegen Sie, was Sie wirklich brauchen, und kaufen Sie es dann aus zweiter Hand!

Für die Schwangerschaft habe ich glücklicherweise gebrauchte Kleidung von Familienangehörigen bekommen, die diese gerne weitergaben. Ich fand auch ein paar Secondhand-Klamotten bei ebay sowie einige Kleidungsstücke, die nicht nur für Schwangere sind und auch später noch getragen werden können, die sich aber jetzt meinen sich verändernden Formen anpassen. Für die Schwangerschaft braucht man nicht unbedingt eine komplett neue Gardeorbe – wählen Sie ein paar schlichte und vielseitige Basics wie Jeans und T-Shirts sowie größere Strickwaren zum Kombinieren mit Sachen, die Sie bereits besitzen. Ich muss zugeben, dass ich ein paar neue Umstandshöschen (aus Bio-Baumwolle) gekauft habe und ich bereue nichts!

Ich habe mehrere (gebrauchte) Bücher darüber gekauft, was während und nach der Schwangerschaft zu erwarten ist, und an mehreren Stellen las ich den Rat, Einweghöschen zu kaufen. Ich besprach dies mit meinen Mama-Freundinnen, und sie alle haben mir versichert, dass einige dicke wiederverwendbare Damenbinden und Periodenhosen den gleichen Job machen werden. Meine Hebamme (die sich mit wiederverwendbaren Stoffen erstaunlich gut auskennt) empfiehlt auch wiederverwendbare Wochenbettpads, damit meine Unterwäsche nicht ruiniert wird.

Auch während meiner Schwangerschaft gebe ich mein Bestes, um Müll zu vermeiden. Ich habe sogar darauf bestanden, den Urinprobenbehälter, den meine Hebammen mir gegeben hatten, wiederzuverwenden (sie fanden die Idee wirklich toll). Natürlich gab es Zeiten, in denen Zero Waste nicht die oberste Priorität hatte. Während meiner extremen Übelkeitsphase im ersten Drittel der Schwangerschaft hatte ich das Gefühl, außer Chips mit Rindfleischgeschmack nichts essen zu können. Ich rief meinen Mann an und bat ihn, mir im nächsten Geschäft so viele Tüten wie möglich davon zu kaufen. Sagen wir einfach, als ich auf dem Sofa saß und Chips aus Plastiktüten aß, hat er seine Frau ein paar Tage lang nicht wiedererkannt. In Anbetracht dessen, dass ich das in fünf Jahren aber nur dieses eine Mal gemacht habe, kann ich ganz gut damit leben.

WINDELN

Allein in Großbritannien werden täglich rund acht Millionen Einwegwindeln weggeworfen, in Deutschland sind es sogar ca. zehn Millionen.[23] Oft denken wir nur an den Müll, aber es geht auch um die Menge an Ressourcen, die für Herstellung und Transport der Windeln aufgewendet werden müssen. Sie bestehen meist aus Kunststoffen, die schädliche Chemikalien und Gele enthalten. Sollten diese der Haut unserer Kinder wirklich so nah kommen? Auf Mülldeponien benötigen Einwegwindeln Hunderte von Jahren, um zu zerfallen, und setzen dabei schädliche Treibhausgase frei.

Die Entsorgung von Wegwerfwindeln kostet auch den Steuerzahler Geld. Aus diesem Grund haben viele Behörden Anreizsysteme durch Bargeld oder Gutscheine eingeführt, um die Menschen dazu zu ermutigen, wiederverwendbare Windeln zu benutzen.

BIOLOGISCH ABBAUBARE WINDELN

Kürzlich sind kompostierbare Bio-Windeln auf den Markt gekommen. Die Idee ist zwar gut, aber bisher gibt es kein System, sie wirklich sinnvoll zu entsorgen. Entweder werden sie auf eine Mülldeponie gebracht – wo sie aufgrund des Mangels an Sauerstoff, Licht und Wasser nicht biologisch abgebaut werden können – oder sie kontaminieren die Kompostsammlungen der Gemeinde, wo sie daher nicht angenommen werden. Bitte kompostieren Sie sie nicht zu Hause, da Gartenkompost nicht heiß genug wird, um die in den Fäkalien möglicherweise lauernden Krankheitserreger abzutöten. An einigen Orten gibt es Unternehmen, die einen Windelkompostierservice anbieten. Suchen Sie im Internet nach einem in Ihrer Nähe.

WIEDERVERWENDBARE WINDELN

Die einzigen Argumente, die ich gegen wiederverwendbare Stoffwindeln gefunden habe, sind die zusätzliche Wäschemenge und die Kosten. Ich habe mit Freunden gesprochen, die sich für wiederverwendbare Windeln aussprechen, und sie sagen, dass die Wäschemenge bei Babys ohnehin zunimmt, da sie Schmutz generell anziehen. Ein paar zusätzliche waschbare Windeln machen also wirklich keinen großen Unterschied. Insgesamt sparen sie sogar Geld, selbst wenn sie die Kosten für die Mehrwegwindeln und die höheren Stromrechnungen berücksichtigen.

Umweltfreundliche Waschmittel, Strom aus erneuerbaren Energien und das Trocknen auf der Leine können weiter dazu beitragen, die Umweltbelastung durch wiederverwendbare Windeln zu verringern.

Mehrere Freunde haben mir geraten, in ein paar verschiedene wiederverwendbare Windelsysteme zu investieren, um herauszufinden, welches für mich und mein Kind am besten geeignet ist. Windel-Workshops zum Beispiel sind eine gute Möglichkeit, mehr über die verschiedenen Produkte zu erfahren. Seien Sie vorsichtig bei gebrauchten Mehrwegwindeln, da die Gummibänder möglicherweise überdehnt sind und sie daher mit größerer Wahrscheinlichkeit auslaufen. Ich habe neue Stoffwindeln gekauft und ein Unternehmen unterstützt, das seine Produkte aus umweltfreundlichen Materialien wie Hanf und Bio-Baumwolle herstellt.

Möglicherweise haben Sie das Glück, einen Windelwaschdienst in Ihrer Nähe zu haben. Die schmutzigen Stoffwindeln werden abgeholt, und Sie bekommen ein frisch gewaschenes Set zurück. Bedenken Sie aber, dass die von diesen Diensten verwendeten Reinigungsprodukte möglicherweise nicht Ihren üblichen Umweltstandards entsprechen. Überprüfen Sie auch, ob die gereinigten Windeln in Plastik verpackt geliefert werden.

FEUCHTTÜCHER

Feuchttücher sind nicht nur für Babys praktisch (Papier-Küchentücher sind ebenfalls üblich), sondern werden auch häufig zum Abwischen von klebrigen Händen, Popos und verschütteten Flüssigkeiten benutzt. Als ein Freund mich auf eine Paddeltour an der Themse einlud, waren wir schockiert darüber, wie viele Feuchttücher im Fluss herumschwammen. Viele enthalten Kunststoff. Versuchen Sie stattdessen, auf waschbare Reinigungstücher umzusteigen. Man kann sie einfach mit warmem Wasser oder einer selbst gemachten Waschlösung benutzen.

SPIELSACHEN

Ich frage mich oft, ob Kinder am Anfang wirklich so viele Spielsachen brauchen. Sie scheinen mit Kuscheleinheiten und einem Schläfchen doch sehr zufrieden. Aber je mehr sich ihre Neugier entwickelt, desto wichtiger werden ein paar ausgewählte Spielsachen. Vergessen Sie nicht, dass Sie auch welche geschenkt bekommen.

Nach Möglichkeit Gebrauchtes kaufen. Versuchen Sie, die Menge an Spielzeug immer im Blick zu behalten. Vor allem, wenn Ihr Kind mit irgendetwas nicht mehr spielt, weil es zu groß dafür geworden ist.

Für jeden Neuzugang ein Spielzeug verschenken. Suchen Sie nach natürlichen Materialien wie Holz, Metall und Stoff. Vermeiden Sie Kunststoffe, die nicht nur leichter kaputtgehen, sondern häufig auch schädliche Chemikalien enthalten.

Spielzeug vermeiden, mit dem man nicht viel machen kann. Dazu gehören auch Merchandising-Produkte zu bestimmten Filmcharakteren, die kreatives Spielen eher einschränken. Wählen Sie stattdessen schlichte Spielsachen, die Kreativität und Fantasie anregen, wie Bausteine, Kunstmaterialien, Verkleidungen, Musikinstrumente, Brettspiele, Bälle und Sportgeräte.

Spielzeugverleihdienste. Hier können Eltern Spielzeug ausleihen und sich so an der Sharing Economy beteiligen. Wenn Sie keinen in der Nähe haben, können Sie doch auch einen eigenen Verleihdienst gründen.

Halten Sie Werbung fern. Das verringert den Drang Ihres Kindes nach immer neuen Spielsachen.

Verbringen Sie viel Zeit gemeinsam. Das können Spielen, Lesen, Zeichnen, Malen, Singen oder Erkundungen im Freien sein.

Unternehmungen verschenken. Verschenken Sie nicht nur Dinge, sondern auch gemeinsame Erlebnisse. Mein Mann bekam als Kind von seinem Patenonkel einen jährlichen Theaterbesuch geschenkt. Mein Mann freute sich jedes Jahr darauf und genoss die gemeinsame Zeit.

Bringen Sie Kindern früh bei, abzulehnen, wiederzuverwenden und zu recyceln. So wird es für sie zur Selbstverständlichkeit. Kinder nehmen Informationen leicht auf und lernen gerne. Kürzlich war ich erstaunt zu sehen, wie meine siebenjährige Nichte im Urlaub Müll vom Strand aufsammelte, nachdem wir darüber gesprochen hatten, wie viel Plastik im Meer landet. Beziehen Sie Kinder in Ihre Gewohnheitsänderungen ein und erklären Sie mit einfachen Worten, warum diese wichtig sind.

HAUSTIERE

Es gibt zwar verschiedene Möglichkeiten, um den Müll von Haustieren zu minimieren, ein Haustier ganz ohne Müll ist aber praktisch unmöglich. Lassen Sie sich jedoch nicht entmutigen. Es geht ja auch hier nicht um Perfektion, sondern vor allem darum, was sich für Sie und Ihre Situation gut anfühlt, wobei der Fokus auf Ihrer Gesundheit und der Ihres Haustieres liegen sollte. Ich bin kein Tierarzt oder Veterinär-Ernährungsexperte – bitte recherchieren Sie auf jeden Fall auch selbst und konsultieren Sie im Zweifelsfall einen Fachmann.

Ich bin mit einem Kaninchen aufgewachsen, und eigentlich produzierte es nicht viel Müll. Da es das übliche Kaninchentrockenfutter nicht mochte, verbrachte es den größten Teil seines Lebens damit, an Gemüseresten, Nüssen, Samen, Haferflocken, Apfelkernen und Heu zu knabbern. Wie alle Kaninchen fraß es sogar seinen eigenen Kot (das hilft bei der Verdauung) und erleichterte sich in einem Käfig, der mit Zeitung und Stroh gefüllt war. Ich habe gelesen, dass Kaninchenkot leicht kompostiert werden kann. Werfen Sie ihn entweder direkt auf Blumenbeete (nicht bei essbaren Pflanzen) oder auf Ihren Komposthaufen.

TIERFUTTER

Je nach Futterart können Sie einige der folgenden Optionen in Betracht ziehen:

Im Unverpackt-Laden. Sie müssen mit der Qualität zufrieden sein. Opfern Sie nicht die Gesundheit Ihres Haustiers, um Verpackung zu vermeiden.

Großpackungen. Am besten in großen Papiertüten, wenn möglich.

Tierfutter selbst machen. Verarbeiten Sie gute, natürliche Zutaten.

Recycelbare Verpackung.

Metzger nach Knochen fragen. Denken Sie an einen wiederverwendbaren Behälter.

Hersteller bitten, Plastik zu reduzieren. Kleine unabhängige Tiernahrungsfirmen können Sie fragen, ob es möglich ist, Plastikverpackungen zu reduzieren oder einen Behälter einzusenden, der aufgefüllt wird.

HAUSTIER-EXKREMENTE

Dies ist wahrscheinlich der schwierigste Teil, wenn es um Haustiere geht. Finden Sie heraus, ob es einen Kompostierungsdienst für Haustierabfälle in Ihrer Stadt gibt. Kanincheneinstreu kann auch zu Hause kompostiert werden, sofern sie aus Papier, Stroh oder Holzspänen besteht. Haustierfell und geschnittene Krallen können auch in Ihrem normalen Kompostbehälter kompostiert werden.

HUNDE

Informieren Sie sich bei Ihrer örtlichen Behörde, ob Sie Hundekot in die Toilette spülen können. Einige Orte sehen es als die umweltfreundlichste Option, andere raten davon ab. In abgelegenen Gegenden, in denen es nur wenige Mülleimer für Hundekot gibt, empfiehlt es sich, den Kot Ihres Hundes ins Unterholz zu schieben. Dies reduziert den Plastikmüll, liefert Nährstoffe für die Pflanzen und ist hygienisch in Ordnung, da er nicht mehr auf dem öffentlichen Weg liegt.

Die meisten umweltfreundlichen Hundekotbeutel bestehen entweder aus normalem Kunststoff mit Enzymen, die es schließlich in Mikroplastik zerlegen, oder aus kompostierbaren Materialien auf pflanzlicher Basis. Die meisten landen jedoch auf einer Mülldeponie, auf der sie aufgrund von Sauerstoff- und Lichtmangel nicht abgebaut werden können. Verwenden Sie also besser ein Stück Papier aus dem Papierkorb und legen Sie es unterwegs in einen Mülleimer oder geben Sie es zu Hause in den normalen Hausmüll. Wenn Sie Plastikmüll reduzieren möchten, gibt es auch einen Hundekotlöffel aus Pappe (s. Service ab S. 214).

Haben Sie Platz in Ihrem Garten, können Sie den Hundekot kompostieren. Dies muss in einem separaten Behälter erfolgen, und das Endprodukt sollte als Dünger nur für nicht essbare Pflanzen verwendet werden. Schneiden Sie den Boden von einem alten Plastikeimer (mit Deckel) ab und bohren Sie Löcher in die Seitenwände. Graben Sie ein tiefes Loch in den Garten und versenken Sie den Eimer bis zum Deckel darin. Legen Sie eine Schicht zerkleinerte Zeitung, abgefallene Blätter oder Stroh in den Eimer und füllen Sie ihn dann mit Hundekot auf. Lassen Sie den vollen Eimer mit Deckel so lange wie möglich ruhen (am besten etwa zwei Jahre), bis der Kot zerfällt und wie bröckeliger Kompost aussieht. Mischen Sie den Inhalt alle paar Wochen auf. Achten Sie darauf, dass der Komposter für Kinder unzugänglich ist.

KATZEN

Katzenstreu sollte nicht kompostiert werden, da mögliche Krankheitserreger dadurch nicht abgetötet werden. Spülen Sie weder Katzenstreu noch Kot in die Toilette, da der Kot Parasiten enthalten kann, die Toxoplasmose verursachen und im Klärwerk nicht zerstört werden können. Toxoplasmose ist für Meeressäuger und Otter tödlich. Kaufen Sie Katzenstreu in Papiertüten und Pappkartons oder verwenden Sie natürliche Materialien wie Sägemehl, um Plastikmüll zu reduzieren.

PFLEGE & FLÖHE

Katzen und Kaninchen putzen sich selbst, Hunde können mit biologisch abbaubarer Flüssigseife gewaschen werden. In Unverpackt-Läden oder im Internet gibt es auch feste Shampoo-Stücke für Tierfell.

Flohbehandlungen sind manchmal notwendig, aber wie bei den meisten Dingen ist Vorbeugung das Wichtigste.

Zu Hause saugen. Mindestens einmal die Woche.

Körbchen und Kissen regelmäßig in heißer Seifenlauge waschen.

Das Fell regelmäßig mit einem Flohkamm durchkämmen.

Vorsicht bei ätherischen Ölen zur Flohbekämpfung. Hunden machen sie nichts aus, aber Katzen vertragen sie nicht.

Fragen Sie Ihren Tierarzt, ob Sie Ihrem Hund Knoblauch geben dürfen. Dies hängt von Größe und Rasse ab. Nicht alle Tiere vertragen Knoblauch.

Stärken Sie Gesundheit und Immunsystem. Alle Parasiten zielen auf weniger gesunde Wirte und Kätzchen oder Welpen mit noch nicht voll entwickeltem Immunsystem ab.

SPIELZEUG & ACCESSOIRES

- **Natürliche Materialien wählen.** Sie können kompostiert werden.

- **Die Menge an Spielzeug reduzieren.** Hat Ihr Haustier ein Talent dafür, Plüschtiere innerhalb von Minuten zu zerkleinern, sollten Sie etwas Haltbareres suchen.

- **Wiederverwenden, was Sie bereits besitzen.** Ein alter Tennisball, ein Stück Seil als Schleppspielzeug, leere Toilettenpapierrollen für Hamster, Hasen und Katzen.

- **Gebrauchtes Tierspielzeug besorgen.**

- **Beim Kauf von Zubehör auf Haltbarkeit achten.**
Dies gilt vor allem für Leinen, Körbe, Kissen und Näpfe.

NÜTZLICHE
REZEPTE

Wenn Sie alles selbst herstellen, reduzieren Sie Müll und verbrauchen vorhandene Zutaten und Reste. Es ist jedoch nicht immer praktisch oder nachhaltig, alles selbst zu machen. Eine Weile lang habe ich jede Woche versucht, Brot, Joghurt und passierte Tomaten selbst zuzubereiten, aber es dauerte sehr lange und war nicht praktikabel. Gleiches gilt für DIY-Waschpulver und verschiedene Kosmetikprodukte. Ich versuche zwar, Verpackungen zu reduzieren, habe aber akzeptiert, dass häufig der Kauf eines in Glas, Metall oder Karton verpackten Produkts realistischer ist als das Selbermachen, und unterstütze dabei Firmen, die sich bemühen, Plastik zu vermeiden.

Einige meiner Rezepte reduzieren Lebensmittelabfälle, andere Verpackungsmüll und wieder andere sind entstanden, weil ich die entsprechenden Produkte nicht unverpackt finden konnte. Ich erhebe keinerlei Anspruch auf Vollständigkeit. Weitere Rezepte finden Sie auch im Serviceteil ab Seite 214.

Jeder wird sich wahrscheinlich für ein paar Rezepte entscheiden, die ihm Spaß machen und die kostengünstiger und müllsparender sind als die verpackten Alternativen. Aber Sie müssen wirklich nicht alles, was Sie benötigen, selbst machen. Finden Sie die für Sie passende Balance.

KÜCHE

Alle oder die meisten der hier genannten Zutaten sollten lose oder in kunststofffreien Verpackungen erhältlich sein. Vorbeugen ist besser als Heilen, also beginnen wir zunächst mit ein paar einfachen Tricks, um Lebensmittelabfälle zu reduzieren.

Wenig und dafür öfter einkaufen. So schnell geht Essen nicht aus.

Kleinere Portionen. Holen Sie sich eine zweite, falls nötig.

Reste einfrieren. Lebensmittel wie Brot werden nicht alt, und Gemüsereste können für eine Brühe aufbewahrt werden.

Vorausplanen. Machen Sie eine Einkaufsliste und halten Sie sich daran. Ein grober Speiseplan für die Woche hilft ebenfalls dabei, weniger Lebensmittel wegzuwerfen.

Nachfragen, wenn Sie sich mit der Menge unsicher sind. An jeder Frischetheke kann man Ihnen sagen, wie viel Sie pro Person benötigen.

Unverpackt kaufen. So kaufen Sie nur das, was Sie wirklich brauchen.

In diesem Kapitel finden Sie die Rezepte, die ich regelmäßig zubereite. Durch die meisten lässt sich Verpackung vermeiden, oder sie sind so schnell gemacht, dass mir der Kauf der verpackten Alternative lächerlich aufwendig erscheint.

FOND/BRÜHE

*Einmal in der Woche, etwa wenn wir ein Brathähnchen gegessen haben,
mache ich einen Fond. Den verwende ich dann für Suppen oder verfeinere damit
alle möglichen anderen Gerichte. Er ist auch als wärmendes Getränk köstlich.
Dies ist das perfekte Rezept für die Verwendung von Fleischknochen, Gemüseresten und -schalen. Mit den Mengen nehme ich es dabei nicht so genau.*

Zutaten

1 kg Gemüsereste
1 Hähnchenkarkasse oder
einige Fleischknochen
(nach Belieben)
1 EL Apfelessig
(nach Belieben)
1 TL Pfefferkörner
1 TL Salz

Zubereitung

Gemüsereste und Fleischknochen (falls verwendet) in einen
großen Topf geben und vollständig mit Wasser bedecken.
Bei Verwendung von Fleischknochen den Apfelessig zugeben, um die Mineralien aus den Knochen zu lösen. Pfefferkörner und Salz zugeben und aufkochen. Gemüsefond
1–2 Stunden, Hühnerfond 4–6 Stunden und Fleischfond aus
Rinder- oder Lammknochen 8–12 Stunden köcheln lassen.
Gelegentlich etwas Wasser nachgießen.

Die noch heiße Brühe durch ein Sieb in ein großes Gefäß
gießen, dann in saubere Schraubgläser füllen. Verschließen
und abkühlen lassen, dann erst in den Kühlschrank stellen.
Innerhalb einer Woche verbrauchen oder in kleineren Portionen einfrieren.

BROTPUDDING

Ich verarbeite Brotreste in der Regel zu Paniermehl, aber wenn es zu viele sind, mache ich gerne einen Brotpudding daraus und serviere ihn mit viel Vanillesauce (siehe Seite 190).

Zutaten

150 g altes Brot,
    gewürfelt
75 g Rosinen
    (nach Belieben)
4 Eier
500 ml Milch
70 g Zucker (oder mehr,
    je nachdem wie süß
    man es mag)
3 EL zerlassene Butter,
    plus etwas mehr zum
    Einfetten
1 TL gemahlener Zimt
Mark von ½ Vanilleschote
1 Prise Salz

Zubereitung

Den Backofen auf 180 °C vorheizen und eine Auflaufform mit Butter einfetten. Die Brotwürfel in die Form geben, glatt streichen und nach Belieben mit Rosinen bestreuen. Die restlichen Zutaten sorgfältig vermischen und über das Brot gießen. 45–60 Minuten backen. Der Pudding ist gar, wenn bei der Messerprobe kein Pudding kleben bleibt. Mit hausgemachter Vanillesauce servieren!

VANILLESAUCE

Es ist unglaublich einfach, Vanillesauce selbst zu machen. Man muss sie nicht in einem Plastikbecher oder einem mit Kunststoff ausgekleideten Karton kaufen. Das Eiweiß aufbewahren und zu Rührei, Quiche oder Brotpudding geben. Den Vanilleextrakt können Sie selbst machen, indem Sie zwei Vanilleschoten längs halbieren und in eine kleine Flasche geben. Mit Brandy bedecken, verschließen und vor Gebrauch drei Tage ziehen lassen.

Zutaten

1 TL Maismehl oder
   Pfeilwurzelmehl
300 ml Milch
1 Eigelb
1 EL Zucker, oder nach
   Belieben
einige Tropfen selbst
   gemachten Vanille-
   extrakt (s. o.)

Zubereitung

Maismehl oder Pfeilwurzelmehl in der Milch verrühren, Eigelb, Zucker und Vanilleextrakt zugeben und alles gründlich verquirlen.

Die Mischung in einen Topf gießen und bei schwacher bis mittlerer Hitze unter ständigem Rühren eindicken lassen. Die Sauce darf nicht kochen.

PFANNKUCHEN

Mit Pfannkuchen lassen sich Reste vom Vortag in ein neues, aufregendes Gericht verwandeln. Ich mag amerikanische Pfannkuchen (s. u.) und auch Crêpes, die sowohl herzhaft als auch süß sein können. Sie sind so einfach zuzubereiten, dass Sie wirklich keinen fertigen, in Plastik verpackten Pfannkuchenmix kaufen müssen. Ideal zum Frühstück, Abendessen oder als süße Leckerei. Nehmen Sie dieses Rezept als Ausgangspunkt und geben Sie nach Belieben Reste wie Früchte, Gemüse oder Käse dazu.

Zutaten

1 großes Ei
100 g Mehl
250 ml Milch
etwas Butter oder Öl zum
   Braten

Zubereitung

Das Ei in einer Rührschlüssel mit einer Gabel verquirlen. Mehl und Milch zugeben und alles zu einem glatten Teig schlagen. Etwas Öl oder Butter in einer Pfanne erhitzen und mit einer Suppenkelle oder Tasse Teig für einen Pfannkuchen hineingeben. Den Teig so in der Pfanne verteilen, dass der Pfannenboden vollständig mit einer dünnen Schicht bedeckt ist. Sobald sich kleine Blasen an der Oberfläche bilden (nach einigen Minuten), den Pfannkuchen wenden und weitere 1–2 Minuten backen. Wenn Sie nicht den gesamten Teig ausbacken, können Sie ihn einige Tage in einem Schraubglas im Kühlschrank aufbewahren.

Für amerikanische Pfannkuchen: Einfach noch 3–4 TL Backpulver zugeben. Für süße Pfannkuchen können Sie auch 1 EL Zucker unterrühren. (Ich ziehe es allerdings vor, meine Pfannkuchen nur durch den Belag zu süßen.)

PASTA

In den ersten drei Jahren meines Lebens ohne Müll fand ich nirgendwo lose Nudeln, und alle Verpackungen bestanden aus nicht recycelbarem Kunststoff. Also habe ich sie stattdessen selbst gemacht. Mittlerweile gibt es ein großes Angebot bei meinem örtlichen Unverpackt-Laden. Ich wollte das Rezept aber aufnehmen, falls Sie sich in einer ähnlichen Situation befinden.

Zutaten

600 g Mehl Type 00 oder
   Pastamehl
6 große Eier

Zubereitung

Das Mehl in eine große Schüssel geben und eine Vertiefung in die Mitte drücken. Die Eier in die Vertiefung schlagen und mit einer Gabel Mehl und Ei zu einem glatten Teig vermischen. Mit den Händen sorgfältig durchkneten. Den Teig auf eine leicht bemehlte Oberfläche geben und so lange kneten, bis er sich zart und seidig anfühlt (etwa 10 Minuten).

Die meisten Leute lassen den Teig nun eine halbe Stunde im Kühlschrank ruhen, ich aber mache direkt weiter. Den Teig in mehrere Portionen teilen und auf einer bemehlten Oberfläche sehr dünn ausrollen. Mit einem scharfen Messer in schmale Streifen schneiden. In einem Topf mit kochendem Wasser einige Minuten garen und servieren.

WÜRZIGE CRACKER

Ich hatte Schwierigkeiten, Cracker zu finden, die nicht in Kunststoff ein-
gepackt waren. Daher ersetzte ich sie anfangs durch eine Scheibe Toast
mit etwas Käse oder Apfel. Aber als wir bei Freunden zu einem Wein-und-
Käse-Abend eingeladen waren, beschloss ich, Cracker selbst zu backen
und mitzubringen. Sie waren ein echter Leckerbissen!

Zutaten
300 g Mehl
2 TL Salz
4 TL extra natives Olivenöl

Zubereitung
Den Backofen auf 200 °C vorheizen. Mehl und Salz in einer Schüssel vermischen. Öl und 250 ml Wasser zugießen und alles zu einem weichen, zähen Teig verrühren. Ist der Teig zu trocken, noch etwas zusätzliches Wasser zugeben. Den Teig auf einer leicht bemehlten Oberfläche ausrollen.

Rechtecke oder Quadrate (oder welche Form auch immer Sie bevorzugen) aus dem Teig ausschneiden und auf einem bemehlten Backblech auslegen. Die Cracker mit einer Gabel einstechen und 15 Minuten backen, bis sie an den Rändern goldbraun werden. Auf einem Kuchenrost abkühlen lassen und in einem luftdicht verschlossenen Behälter aufbewahren.

WEIZEN-TORTILLAS

Tortilla-Fladen sind ohne Plastikverpackung sehr schwer zu finden, also habe ich sie selbst gemacht. Ich serviere sie als Wraps, gefüllt mit einer würzigen Mischung aus Pulled pork und Bohnen, oder serviere sie einfach mit Resten, die ich vom Vortag übrig habe.

Zutaten
400 g Mehl
4 TL Backpulver
1 TL Salz
115 g Butter, gewürfelt

Zubereitung
Mehl, Backpulver und Salz in eine Schüssel geben, die Butterwürfel zugeben und alles mit den Fingerspitzen zu einer krümeligen Masse verarbeiten. 250 ml Wasser zugießen und kneten, bis ein glatter Teig entsteht. Aus dem Teig mehrere Kugeln formen und auf einer leicht bemehlten Oberfläche so dünn wie möglich ausrollen. Die Tortillas einzeln in einer Pfanne ohne die Zugabe von Fett 30 Sekunden von jeder Seite backen.

HAUSGEMACHTES POPCORN

Dies ist eine wirklich leckere und müllfreie Alternative zu Chips, und losen Popcornmais gibt es in jedem Unverpackt-Laden. Die Zubereitung dauert ungefähr 5 Minuten, und es schmeckt fantastisch. Ich gebe dem fertigen Popcorn gerne noch etwas Salz und einen Spritzer Olivenöl oder Ahornsirup zu, aber Sie können auch mit verschiedenen Kräutern und Gewürzen oder geschmolzener Schokolade experimentieren ... fast alles ist möglich!

Zutaten

etwas Butter oder Öl
Popcornmais

Zubereitung

Butter oder Öl in einer Pfanne mit schwerem Boden zerlassen. 1–2 Handvoll Popcornmais zugeben. Den Deckel auflegen und auf das Ploppen der Körner hören. Sobald es nachlässt, die Pfanne vom Herd nehmen. Nach Belieben würzen oder aromatisieren und genießen.

JOGHURT

Wenn Sie Joghurt nicht in Mehrweg- oder nachfüllbaren Glasbehältern kaufen können, probieren Sie dieses Rezept. Der vollfette Naturjoghurt dient als Starter, der für jede weitere Zubereitung verwendet werden kann. Schütten Sie die Molke nicht weg, sie steckt voller Proteine, und Sie können Smoothies, Kartoffelpüree, Rührei und Pfannkuchen damit verfeinern. Die Investition in ein einfaches Küchenthermometer (Sie können es aber auch ausleihen oder gebraucht kaufen) lohnt sich.

Zutaten
1 l Milch
120 ml Naturjoghurt
(nicht fettreduziert)

Zubereitung
Die Milch in einem Topf vorsichtig auf 90 °C erhitzen. In der Zwischenzeit die Spüle 3 cm hoch mit kaltem Wasser füllen. Den Topf vom Herd nehmen und in die Spüle stellen. Die Milch auf 45 °C abkühlen lassen. Den Topf aus dem Wasser heben und den Joghurt einrühren. Den Deckel auflegen und den Topf mindestens 8 Stunden oder über Nacht an einem warmen Ort ohne Zugluft stehen lassen.

Ist der Joghurt zu flüssig, ein Sieb mit einem Tuch auslegen, den Joghurt hineingießen und überschüssige Flüssigkeit (die Molke) abtropfen lassen. Den Joghurt in sterile Schraubgläser abfüllen. So kann er bis zu zwei Wochen im Kühlschrank aufbewahrt werden. Nicht vergessen, etwa 120 ml Joghurt als Starterkultur für das nächste Mal aufzubewahren.

SCHNELLE TIPPS FÜR ESSENSRESTE

- **Gemüse- und Obstreste.** Sie können sie in Smoothies, Suppen, Saucen und Pfannengerichten verarbeiten.

- **Schalen und Endstücke von Karotten, Zwiebeln, Lauch und Knoblauch.** Im Kühlschrank sammeln und Brühe daraus kochen.

- **Rote-Bete-Blätter.** Bereiten Sie sie wie Spinat oder Mangold zu. Einfach leicht in Butter oder Öl dünsten oder zu einem Pfannengericht geben.

- **Blumenkohlblätter.** Werden oft weggeworfen, ergeben aber einen leckeren Snack. Mit Öl und Gewürzen bestreichen und im Backofen knusprig backen.

- **Kürbiskerne.** Waschen und trocknen, dann in einer Schüssel mit zerlassener Butter, Salz und Gewürzen nach Geschmack vermengen. Bei 150 °C etwa 45 Minuten im Ofen backen – ein Genuss!

- **Innereien und billige Fleischstücke.** Sie werden oft weggeworfen, setzen Sie sie also von Zeit zu Zeit auf Ihren Speiseplan und seien Sie ruhig abenteuerlustig dabei!

- **Zitrusschalen.** Im Ofen trocknen und aufbewahren. Gerieben können Sie sie für Kuchen verwenden oder Tees und heiße Schokolade damit aromatisieren.

- **Altbackenes Brot.** Anstatt es wegzuwerfen, verarbeiten Sie es lieber zu Semmelbröseln.

HAUSHALT

Ich finde es toll, dass mein Putzschrank inzwischen nur noch ein paar einfache Zutaten enthält, die je nach Bedarf zu verschiedenen Reinigungsprodukten gemischt werden können.

Hier habe ich ein paar einfache, nützliche Ideen zusammengestellt:

Gläser und Flaschen aufbewahren und wiederverwenden. Sie benötigen viele Mehrwegbehälter sowie nachfüllbare Sprühflaschen.

Größere Mengen zubereiten und lagern. Es ist viel einfacher und auf lange Sicht weniger zeitaufwendig, wenn Sie Ihre Reinigungsprodukte direkt in größeren Mengen herstellen.

Nur das Nötigste. Benötigen Sie wirklich so viele verschiedene Produkte, jedes für einen anderen Zweck? Versuchen Sie stattdessen, einen Universalreiniger zu verwenden.

Wäsche reduzieren. Lüften Sie Ihre Kleidung und entfernen Sie einzelne Flecken.

Wenn Sie keine Lust haben, Ihre Reinigungsprodukte selbst herzustellen, suchen Sie stattdessen nach nachfüllbaren Alternativen. Ich mache ein bisschen von beidem. Auf den folgenden Seiten finden Sie die Rezepte, die ich für unsere Putzroutine am nützlichsten finde.

UNIVERSAL-REINIGUNGSSPRAY

Dies ist ein effektives und vielseitiges Spray, mit dem ich alle Oberflächen im Haushalt desinfiziere. Manchmal lasse ich übrig gebliebene Zitrusschalen eine Woche oder länger in einem Glas Essig ziehen, bevor ich ihn verdünne, um eine leicht duftende Version zu erhalten. Sie können auch mit Kräutern wie Rosmarin oder Eukalyptusblättern experimentieren.

Zutaten
1 Teil Essigessenz
1 Teil Wasser

Zubereitung
Essigessenz und Wasser zu gleichen Teilen vermischen und in einer Metall- oder Glassprühflasche aufbewahren.

Anwendung
Zum Desinfizieren und Reinigen von Küchen-Arbeitsplatten, Waschbecken, Kühlschränken, Türgriffen, Spielzeug, Tischen, Kacheln, Fenstern, Spiegeln und Glas – aufsprühen und abwischen. Nicht auf Granit oder Marmor verwenden – siehe Desinfizierendes Wodkaspray auf der gegenüberliegenden Seite.

DESINFIZIERENDES WODKASPRAY

Wodka ist eine gute Alternative zu Essig und kann auf Granit oder Marmoroberflächen verwendet werden (im Gegensatz zu Essig). Kaufen Sie den Wodka in einer Glasflasche. Er eignet sich auch zum Reinigen von Glas.

Zutaten
125 ml Wodka
125 ml Wasser
15 Tropfen ätherisches
  Öl Ihrer Wahl (nach
  Belieben)

Zubereitung
Alle Zutaten in eine Glas- oder Metallsprühflasche geben und schütteln.

Anwendung
Zum Reinigen auf Küchen- und Badezimmeroberflächen sprühen und abwischen.

WASCHSODA

Wenn Sie Waschsoda nicht lose zum Abfüllen oder in einem Pappkarton finden, können Sie es hier selbst herstellen. Ich mache meist mehrere Portionen und bewahre sie in Gläsern auf.

Zutaten
Natron
(Natriumbicarbonat)

Zubereitung
Den Backofen auf 250 °C vorheizen.

Eine dünne Schicht Natron (etwa 5 mm dick) gleichmäßig auf einem Backblech ausstreuen und etwa 1 Stunde im Ofen backen, dabei nach der Hälfte der Zeit einmal durchmischen. Aus dem Ofen nehmen und abkühlen lassen. Sie werden feststellen, dass das Natron nun körniger, etwas stumpfer und grauer ist als zuvor. Es ist zu Waschsoda, auch unter dem Namen Bleichsoda bekannt, geworden.

Anwendung
Zur Herstellung verschiedener Reinigungsmittel, wie z. B. Geschirrspül- und Waschpulver (siehe gegenüber). In Gebieten mit hartem Wasser einfach 2 EL Waschsoda mit in die Waschmaschine geben.

WASCHPULVER

Ich gebe zu, dass ich persönlich lieber fertiges Waschpulver aus dem Nach-füllpack einer Öko-Marke benutze, da die Wirksamkeit von hausgemach-tem Waschpulver je nach Maschinentyp und Wasserhärte variieren kann. Außerdem dauert es eine Weile, bis die Seife gerieben ist! Aber wenn Sie es ausprobieren möchten – hier erfahren Sie, wie es geht. Noch besser würde das Waschpulver mit Borax, dies ist allerdings in Deutschland als Gefahren-stoff eingestuft, und die Abgabe an private Endverbraucher ist untersagt. Aber die Substitute funktionieren auch sehr gut.

Zutaten

1 Stück Kastilienseife, gerieben (100–150 g)

250 g Boraxersatz/Pro-ten-Salz (im Karton)

250 g Waschsoda (siehe gegenüber)

Zubereitung

Alle Zutaten in einer Schüssel verrühren und in einem ver-schlossenen Behälter aufbewahren.

Anwendung

2 EL Pulver für eine Waschmaschine mit einem Fassungs-vermögen von 6 kg. Bei einer größeren Maschine entspre-chend mehr Pulver zugeben.

GESCHIRRSPÜLPULVER

Wenn Sie keine Geschirrspültabs ohne Kunststoffverpackung finden oder die Zutaten auf ein Minimum beschränken möchten, sollten Sie dieses Rezept ausprobieren. Es ist schnell gemacht und funktioniert sehr gut.

Zutaten
4 Teile Waschsoda
  (siehe Seite 202)
1 Teil Zitronensäure
1 Teil Meersalz

Zubereitung
Alle Zutaten in einer Schüssel miteinander verrühren und in einem verschlossenen Behälter aufbewahren.

Anwendung
In das Geschirrspülmittelfach streuen und wie gewohnt spülen. Verwenden Sie Tafelessig als Klarspüler und passen Sie die Maschine nach Möglichkeit an Ihre lokale Wasserhärte an. Dieser letzte Tipp war eine Offenbarung für mich! Sehen Sie dazu im Handbuch Ihrer Maschine nach und überprüfen Sie online die Härte Ihrer Wasserversorgung.

BACKOFENREINIGER

Auf Wiedersehen scharfe Backofenreiniger! Die meisten konventionellen Produkte erfordern eine gründliche Belüftung und bewirken, dass meine Augen tränen und mein Hals schmerzt. Mit diesem ist das anders.

Zutaten

125 ml Wasser
200 g Natron
1 EL biologisch abbaubare Flüssigseife oder umweltfreundliches Spülmittel

Zubereitung

Alle Zutaten in einer Schüssel zu einer Paste verrühren.

Anwendung

Mit einem Schwamm oder einer Spülbürste die Innenseiten des Backofens mit der Paste einreiben und 30 Minuten einwirken lassen. Anschließend mit warmem Wasser sorgfältig ausspülen. Mit einem feuchten, wiederverwendbaren Tuch abwischen, bis alles schön sauber ist.

KOSMETIKA

Für den Zero-Waste-Lifestyle ist es nicht unbedingt notwendig, Kosmetika selber zu machen. Falls Sie Ihre Pflegeprodukte also lieber weiterhin fertig kaufen, informieren Sie sich im Serviceteil ab Seite 214 oder schauen Sie einfach, was in Ihrer Nähe erhältlich ist. Hier ein paar Vorschläge, wie Sie starten können.

Denken Sie darüber nach, was Sie benutzen. Überlegen Sie sorgfältig, was Sie wirklich benötigen.

Kaufen Sie nur wiederverwendbare Glas- oder Metallbehälter. Sie können sie später zum Aufbewahren selbst gemachter Kosmetik benutzen.

Tauschen Sie aus. Falls eines Ihrer Lieblingsprodukte nicht in einer nachhaltigen Verpackung erhältlich ist, denken Sie über eine Zero-Waste-Alternative nach oder bitten Sie den Hersteller, sein Konzept zu ändern.

Schränken Sie sich ein. Können Sie vielleicht ein Kombi-Produkt benutzen? Manchmal gibt es tatsächlich ein einziges Produkt, das hervorragend für unterschiedliche Einsatzbereiche funktioniert.

Seien sie klug. Es gibt Produkte, die Sie nicht selbst herstellen können und die sie daher fertig kaufen sollten. Dazu gehört z. B. Sonnencreme.

Mit den Rezepten auf den folgenden Seiten habe ich gute Erfahrungen gemacht. Probieren Sie es einfach selbst aus!

CREMIGE KÖRPERBUTTER

Diese reichhaltige, feuchtigkeitsspendende Körperbutter benutze ich meist nach dem Duschen. Gelegentlich verwende ich sie im Winter auch für mein Gesicht, wenn meine Haut besonders trocken ist. Als Trägeröl haben Sie die Wahl zwischen Jojoba-, Aprikosenkern-, Oliven- oder Sonnenblumenöl.

Zutaten

125 ml Sheabutter
4 EL Trägeröl
10–15 Tropfen ätherisches Öl Ihrer Wahl (nach Belieben)

Zubereitung

Alle Zutaten in einem Mixer ein paar Minuten (mit einem Schneebesen etwas länger) verquirlen, bis eine Art Creme entstanden ist. Die Körperbutter in ein Glas löffeln und dicht verschließen.

Anwendung

Einfach in die Haut einmassieren.

APFELESSIG-HAARSPÜLUNG

Wenn Sie den Eindruck haben, dass Ihr festes Shampoo in Ihren Haaren Rückstände hinterlässt, wird diese Spülung Ihnen helfen, sie davon zu befreien. Ihre Haare werden sich danach seidig und voluminös anfühlen. Der Essiggeruch verfliegt schnell.

Zutaten

1 Teil Apfelessig
5 Teile warmes Wasser

Zubereitung

Essig und Wasser verrühren.

Anwendung

Die Spülung auf die Haare gießen, in die Kopfhaut einmassieren und dann gründlich mit warmem Wasser ausspülen. Falls der Geruch des Essigs Sie stört, sollten Sie die Spülung ein wenig verdünnen. Ich habe mir angewöhnt, ein Glas Apfelessig und ein leeres Metallgefäß mit in die Dusche zu nehmen und die Mischung nach Belieben zu verändern.

TONERDE-MASKE

Das ist eine wirklich einfache Gesichtsmaske. Suchen Sie die richtige Tonerde (weiß, grün, gelb, rot oder rosa) für Ihren Hauttyp aus. Sie ist zwar selten lose erhältlich, aber in der Regel in Karton verpackt.

Zutaten

ca. 2 EL Ton- bzw.
  Heilerde
Wasser

Zubereitung

Die Tonerde in eine Schüssel geben und mit so viel Wasser verrühren, dass eine dicke Paste entsteht. Löffel oder Behälter sollten nicht aus Metall sein, das könnte der Tonerde die Wirkung entziehen.

Anwendung

Die Paste auf dem Gesicht verstreichen und 10–15 Minuten einwirken lassen. Mit warmem Wasser und einem wiederverwendbaren Tuch abwaschen.

UNIVERSAL-BALSAM

Ich benutze ihn meist als Lippenbalsam, Sie können damit aber auch trockene Hautstellen oder trockene Gesichtshaut einreiben. Dieser Balsam kann auch als Lederpflege oder Holzpolitur verwendet werden, ein wirklicher Alleskönner! Als Trägeröl kommen Sonnenblumen-, Oliven-, Jojoba-, Argan- oder Mandelöl infrage, die Sie zum Nachfüllen oder in Glasflaschen kaufen können.

Zutaten

1 EL geriebenes Bienenwachs (ich kaufe ein größeres Stück und reibe es selbst)

4 EL Trägeröl

Zubereitung

Das Bienenwachs mit dem Trägeröl in einem Glas verrühren. Das Glas anschließend in einen Topf mit etwas Wasser stellen (Wasserbad) und bei mittlerer Hitze erwärmen. Sobald das Wachs geschmolzen ist, die Mischung in einen Glas- oder Metallbehälter gießen und abkühlen lassen, bis sie fest ist.

Anwendung

Alle Stellen, beispielsweise trockene Lippen oder Hände, die Feuchtigkeit benötigen, damit einreiben.

ZU GUTER LETZT

Ich hoffe von Herzen, dass dieses Buch Sie angeregt hat, den Müll in Ihrem Leben zu reduzieren. Jetzt, wo Sie sich auf die Reise begeben haben, werden Sie feststellen, dass noch viel Arbeit auf Sie wartet. Könnten Sie ein Vorreiter darin werden, die unaufhaltsam wachsende Müllflut einzudämmen? Könnten Sie ein wiederverwendbares Produkt entwickeln, von dem Sie glauben, dass es gegenwärtig auf dem Markt fehlt? Wenn Sie in Ihrer Umgebung keine Möglichkeit haben, in einem Unverpackt-Laden einzukaufen, könnten Sie sich vorstellen, einen eigenen zu eröffnen? Vielleicht können Sie gut elektronische Geräte reparieren – warum versuchen Sie nicht, in einem Workshop anderen beizubringen, ihre eigenen Sachen in Schuss zu halten? Wie wäre es, wenn Sie eine Kosmetikmarke mit nachfüllbaren Produkten ins Leben riefen? Worin auch immer Ihre Leidenschaft besteht, nutzen Sie Ihre Fähigkeiten, um den Unterschied zu machen. Helfen Sie dabei, ein müllfreies Leben zu einer erstrebenswerten Alternative zu machen. Seien Sie Teil einer neuen Normalität und eines Wandels für eine lebenswerte Zukunft.

Kate

SERVICE

Ökologischer ist es natürlich, direkt im Laden zu kaufen, daher bestellen Sie nur das, was Sie wirklich benötigen und nicht vor Ort bekommen können. Vermeiden Sie unnötige Übersee-Bestellung oder Retouren.

SHOPS FÜR ZERO-WASTE-PRODUKTE UND WIEDERVERWENDBARES

avocadostore.de – nachhaltige Geschenke und Lifestyleprodukte für Zero Waste

buymeonce.com – spezialisiert auf umweltfreundliche und langlebige Produkte. Die meisten haben eine lebenslange Garantie und einen Reparaturservice

eco-boost.co/shop – Sammlung der Artikel, die ich am häufigsten benutze

ecoyou.de

etsy.com – müll- und kunststofffreie Beauty- und Kosmetikprodukte sowie Lifestyleprodukte

naturlieferant.de – Lifestyleprodukte für Zero Waste und Lebensmittel

zerowasteladen.de – Lifestyleprodukte für Zero Waste, Fokus auf Kleidung

shop.original-unverpackt.de – Lifestyleprodukte für Zero Waste

BABYS & KINDER

ananas.shop – für Stoffwindelberatung in Ihrer Nähe

babylotta-shop.de – nachhaltige und biologische Babykleidung

thelittlegreensheep.co.uk – nachhaltige und biologische Babykleidung

GEBRAUCHTE ARTIKEL

ebay.com – gebrauchte Gegenstände kaufen und verkaufen (»Auktion« oder »Gebraucht« anklicken)

ebay-kleinanzeigen.de – kaufen, verkaufen, verschenken

foodsharing.de – Tausch- oder Verschenkbörse für Lebensmittelreste

freecycle.org – Tausch- oder Verschenkbörse

kleiderkreisel.de – gebrauchte Kleidung kaufen und verkaufen

oxfam.de – Internet-Wohltätigkeitsladen; gibt es mittlerweile auch als Shop in vielen deutschen Städten

vestiairecollective.com – geprüfte Luxus- und Designerartikel aus zweiter Hand

zvab.com – Buchantiquariat

CO_2-FUSSABDRUCK-RECHNER

fussabdruck.de
uba.co2-rechner.de
wwf.de/themen-projekte/klima-energie/
  wwf-klimarechner

UNVERPACKT-LÄDEN FINDEN

11ie.de/uebersicht-der-unverpacktlaeden
smarticular.net/muellfrei-einkaufen-
  alle-unverpacktlaeden
wastelandrebel.com/de/unverpackt-
  einkaufen
Zero Waste App – hier gibt es viele verschiedene Apps, finden Sie die für sich
  passende

PLASTIKFREI VERPACKTE LEBENSMITTEL FINDEN

mein-muesli-laden.de
naturlieferant.de/lebensmittel
sauer-macht-gluecklich.de/shop
suessundclever.de
unverpackt-versand.de

TOILETTENPAPIER

smoothpanda.de – Toilettenpapier und
  Taschentücher aus Bambus

Recyceltes Toilettenpapier ist allerdings
  noch besser, hier unbedingt auf das
  Siegel »blauer Engel« achten

KÖRPERPFLEGE & KOSMETIKA

acalaonline.com – Schönheits- und
  Körperpflegeprodukte
bloodmilla.de – Menstruationstassen
ecco-verde.de – Körperpflege & Kosmetika
hydrophil.com – Zahnbürsten
smarticular.shop – Hygieneartikel und
  Hausmittel sowie Bücher zum Thema
  Nachhaltigkeit

HAUSTIERE

green-petfood.de – nachhaltiges Tierfutter
  und Accessoires
thepoopick.com – Papierbeutel für
  Hundekot
worm-composting-help.com/hundekot.
  html – zum Kompostieren von Hundekot

ZERO-WASTE-RECYCLINGBOXEN

terracycle.de

TIPPS ALLGEMEIN

Rezepte aus Lebensmittelresten:
  restegourmet.de
So faltet man Mülltüten aus Zeitungspapier: careelite.de/muelltueten-aus-
  zeitungspapier-falten
Tipps für einen eigenen Unverpackt-Laden:
  smarticular.net/unverpackt-laden-
  eroeffnen-tipps-workshops
Tipps zu nachhaltiger Kleidung: utopia.de

TIPPS ZUM KOMPOSTIEREN

careelite.de/richtig-kompostieren-
  kompost-anlegen
kompost-tipps.de
sulco-gertel.de/richtig-kompostieren-
  im-garten
So baut man sich einen eigenen Wurmkomposter: gartenhaus-gmbh.de/
  magazin/wurmkiste-bauen/

FILME

Die meisten dieser Filme finden Sie bei
  Netflix oder anderen Streaming-Diensten:
A Plastic Ocean
A Plastic Tide
An Inconvenient Sequel
An Inconvenient Truth
Bag It
Before The Flood
Minimalism
RiverBlue
Seed: The Untold Story
Soil Carbon Cowboys (on Vimeo)
Tapped
The True Cost

BÜCHER

Besser leben ohne Plastik von Anneliese
  Bunk
Glücklich leben ohne Müll von Bea Johnson
Plastikfrei leben von Plastik Held
Simplicity Parenting von Kim John Payne
Simply Clean von Becky Rapinchuk
Unprocessed von Megan Kimble
Zero Waste von Tobias Münzer

BLOGS

alternulltivhamburg.blogspot.de
einbisschengruener.com
simplyzero.co
smarticular.net
trashless-society.com
wastelandrebel.com

wenigeristmehrleben.wordpress.com
zerowastefamilie.de
zerowastelifestyle.de

UMWELTORGANISATIONEN

4ocean.com
Ellenmacarthurfoundation.org
Ewg.org/skindeep/
Fashionrevolution.org
Hubbub.org.uk
Loveyourclothes.org.uk/care-repair
Mcsuk.org (Marine Conservation Society)
Plasticpollutioncoalition.org
Recyclenow.com
Sas.org.uk (Surfers Against Sewage)
Soilassociation.org
Sustainablefoodtrust.org
Textileexchange.org
Wasteaid.org
Wrap.org.uk (Waste and Resources Action
  Programme)

REPARATURDIENSTE

repairCafe.org
reparatur-initiativen.de

MIETEN

erento.com
fairleihen.de
frents.com
leihbar.net

VERANSTALTUNGEN

getcaya.com – digitaler Briefkasten mit
  monatlicher Gebühr
greenvelope.com – Einladungen digital
  verschicken gegen Entgelt
nocake.de – Online-Wunschliste für eigene
  Veranstaltungen erstellen und teilen

REISEN

bookitgreen.com/de/ – nachhaltige
  Unterkünfte
dehst.de/DE/Klimaschutzprojekte-
  durchfuehren/Freiwillige-Kompensation/
  freiwillige-kompensation-node.html –
  Projekte zur Kompensation von
  CO_2-Abgasen
Loco2.com (Züge und Busse europaweit)

REGISTER

QUELLENNACHWEISE

1 https://www.pnas.org/content/114/23/6052

2 https://www.greenpeace.de/sites/www.green-peace.de/files/publications/s01872_greenpeace_report_plastik_in_fisch_10_16.pdf

3 https://www.theguardian.com/lifeandstyle/2017/feb/14/sea-to-plate-plastic-got-into-fish

4 https://orbmedia.org/stories/Invisibles_plastics/multimedia und https://www.newscientist.com/article/dn28242-plastic-in-the-food-chain-artificial-debris-found-in-fish/ und https://www.theguardian.com/environment/2016/jun/20/microfibers-plastic-pollution-oceans-patagonia-synthetic-clothes-microbeads

5 https://assets.publishing.service.gov.uk/government/uploads/system/uploads/attachment_data/file/726926/expert-committee-pesticide-residues-food-annual-report-2017.pdf und https://www.newfoodmagazine.com/news/45901/nearly-half-british-foods-contain-pesticide-residue/ und https://www.bvl.bund.de/DE/01_Lebensmittel/02_UnerwuenschteStoffeOrganismen/01_PSM RueckstaendeLM/01_NB_PSM_Rueckstaende/psm_NB_PSM_Rueckstaende_node.html

6 https://www.diabetes.co.uk/news/2017/jul/everyday-plastic-chemicals-linked-to-type-2-diabetes-risk-95492171.html

7 https://iaqscience.lbl.gov/voc-svocs

8 https://www.wired.co.uk/article/receipt-recycling-uk-thermal-paper-digital-receipt

9 https://www.theguardian.com/science/2016/sep/02/antibacterial-soaps-banned-us-fda und http://sitn.hms.harvard.edu/flash/2017/say-goodbye-antibacterial-soaps-fda-banning-household-item/

10 https://www.vox.com/2014/6/25/5837892/is-being-too-clean-making-us-sick und http://www.bbc.com/future/story/20151118-can-you-be-too-clean und https://www.laborpraxis.vogel.de/warum-zu-viel-hygiene-krank-macht-a-792905/

11 http://www.ewg.org/guides/cleaners/content/cleaners_and_health#.WdW0mhNSyb8

12 https://www.huffingtonpost.co.uk/entry/how-to-fix-indoor-air-pollution_us_59e0cc85e4b03a7be58012b1 und https://www.epa.gov/indoor-air-quality-iaq/volatile-organic-compounds-impact-indoor-air-quality

13 https://brendid.com/green-cleaning-ingredients-you-should-never-mix/

14 https://www.fashionrevolution.org/dont-overwash-its-time-to-change-the-way-we-care/

15 http://www.energysavingtrust.org.uk/sites/default/files/reports/EST_11120_Save%20Energy%20in%20your%20Home_15.6.pdf

16 https://truecostmovie.com/learn-more/environmental-impact/

17 https://www.fashionrevolution.org/dont-overwash-its-time-to-change-the-way-we-care/

18 http://www.wrap.org.uk/sites/files/wrap/VoC%20FINAL%20online%202012%2007%2011.pdf

19 https://www.huffingtonpost.co.uk/entry/how-often-should-you-wash-denim-jeans_uk_5a5dca35e4b0fcbc3a130290 und https://www.focus.de/kultur/genialeinfach/alltagstricks/irrer-vorschlag-so-brauchen-sie-ihre-jeans-nie-wieder-zu-waschen_id_4259111.html

20 https://www.frasercoastchronicle.com.au/news/how-much-aussie-homes-really-waste-over-christmas/2881742/ und https://www.independent.co.uk/environment/how-to-stop-christmas-waste-and-the-thousand-of-tonnes-thrown-away-each-year-a7489766.html und https://www.duh.de/presse/pressemitteilungen/pressemitteilung/kein-muellberg-zur-weihnachtszeit-wiederverwenden-statt-wegwerfen/

21 http://www.treesaw.co.uk/the-lifecycle-of-a-christmas-tree

22 https://www.duh.de/presse/pressemitteilungen/pressemitteilung/kein-muellberg-zur-weihnachtszeit-wiederverwenden-statt-wegwerfen

23 https://www.independent.co.uk/environment/disposable-nappies-a-looming-environmental-threat-477750.html und https://www.bmu.de/meldung/mai-2019-umweltfreundliche-und-gesunde-windeln/

DANKSAGUNG

Zunächst möchte ich meiner Agentin Zoe Ross dafür danken, dass sie mich ermuntert hat, dieses Buch zu schreiben. Vielen Dank, dass du mir die Gelegenheit dazu gegeben hast.

Meinem Mann Mark für seinen unerschütterlichen Glauben an mich und dafür, dass er mich auf meiner Zero-Waste-Reise unterstützt und begleitet hat.

Meinem Bruder Matt für seine originelle Idee zu *Zero Waste für Einsteiger*.

Meiner Mutter Lesley für ihre Liebe und die Überzeugung, dass ich der Welt etwas zu bieten habe. Vielleicht ist sie ja etwas voreingenommen ...

Meiner Schwiegermutter Prudie für ihre geduldige Unterstützung bei meinen mitunter schrulligen Versuchen, weniger Müll zu produzieren!

Meinem Verleger Octopus, der meiner Bitte, dieses Buch umweltfreundlicher zu produzieren als die meisten anderen, von Anfang an positiv gegenüberstand. Besonderer Dank gilt Stephanie für ihre Begeisterung für dieses Buch. Deine Energie ist ansteckend, und ich bin glücklich, dich an meiner Seite gehabt zu haben.

Bea Johnson, Autorin von *Glücklich leben ohne Müll* – danke, dass du mich dazu inspiriert hast, diesen Lebensstil zu leben! Ich hatte die Gelegenheit, Bea in Bristol zu interviewen. Ihre Leidenschaft für Zero Waste ist ansteckend. Sie ist warmherzig, lustig, und es war eine Freude, Zeit mit ihr zu verbringen. Eine Quelle der Inspiration!

Zum Schluss danke ich meinen Followern auf YouTube und allen Bloggern. Danke, dass ihr euch nicht von meinen unregelmäßigen Uploads, dummen Sprüchen und amateurhaften Schnitten habt abschrecken lassen. Ihr schreibt mir, dass meine Videos euch dazu veranlasst haben, einige einfache Zero-Waste-Veränderungen vorzunehmen. Genau das habe ich mir gewünscht. Danke, dass ihr eure Zero-Waste-Reise mit mir geteilt habt. Das zaubert immer wieder ein Lächeln auf mein Gesicht.

Für Mark, Arthur, Mama und Matt

 Penguin Random House

Für die englische Ausgabe:
Autorin Kate Arnell
Projektbetreuung Leanne Bryan, Louise McKeever, Joanna Smith
Illustration Abi Read
Gestaltung und Satz Rosamund Saunders

Für die deutsche Ausgabe:
Programmleitung Monika Schlitzer
Redaktionsleitung Anne Heinel
Projektbetreuung Doreen Wolff
Herstellungsleitung Dorothee Whittaker
Herstellungskoordination Ksenia Lebedeva
Herstellung Stefanie Staat

Übersetzung Annette Ostlaender
Lektorat Julia Voigtländer

Titel der englischen Originalausgabe:
Six weeks to zero waste. A simple plan for life.

Der Originaltitel erschien 2019 in Großbritannien bei Gaia, Octopus Publishing Group Ltd, London.
Text © Kate Arnell 2019
Design und Layout © Octopus Publishing

© der deutschsprachigen Ausgabe by
Dorling Kindersley Verlag GmbH, München, 2020
Ein Unternehmen der Penguin Random House Group
Alle deutschsprachigen Rechte vorbehalten

ISBN 978-3-8310-3895-4

Druck und Bindung in Tschechien

 MIX Papier aus verantwortungsvollen Quellen
FSC www.fsc.org FSC® C014138

www.dorlingkindersley.de

Hinweis
Die Informationen und Ratschläge in diesem Buch sind von der Autorin und vom Verlag sorgfältig erwogen und geprüft, dennoch kann eine Garantie nicht übernommen werden.
Eine Haftung der Autorin bzw. des Verlags und seiner Beauftragten für Personen-, Sach- und Vermögensschäden ist ausgeschlossen.